Türkçe

Ein Türkischkurs für Anfänger

Arbeitsbuch
von
Gabriele Hermes

Ernst Klett Sprachen
Barcelona Budapest London Posen Sofia Stuttgart

Türkçe – Arbeitsbuch

von
Gabriele Hermes, Gelsenkirchen

Zeichnungen: Hartmut Klotzbücher, Fellbach
Redaktionelle Betreuung: Dr. Jochen Becker

Das komplette Lehrwerksprogramm „Türkçe":

Lehrbuch	Klettnummer 55160
2 Cassetten zum Lehrbuch	Klettnummer 55167
Arbeitsbuch	Klettnummer 55165
Cassette zum Arbeitsbuch	Klettnummer 55168
Lösungsheft	Klettnummer 55162
Lehrerband	Klettnummer 55163

Bildquellen:
Heliane Becker, Stuttgart, S. 42, 47, 84, 134
Gabriele Hermes, Gelsenkirchen, S. 25, 26, 48

1. Auflage 1 12 11 10 9 | 2007 2006 2005 2004

Alle Drucke dieser Auflage können im Unterricht nebeneinander benutzt werden, sie sind
untereinander unverändert. Die letzte Zahl bezeichnet das Jahr dieses Druckes.
© Ernst Klett Sprachen GmbH, Stuttgart 1992.
Alle Rechte vorbehalten
"Das Werk und seine Teile sind urheberrechtlich geschützt. Jede Nutzung in anderen als den
gesetzlich zugelassenen Fällen bedarf der vorherigen schriftlichen Einwilligung des Verlages.
Hinweis zu § 52 a UrhG: Weder das Werk noch seine Teile dürfen ohne eine solche
Einwilligung eingescannt und in einNetzwerk eingestellt werden. Dies gilt auch für Intranets von
Schulen und sonstigen Bildungseinrichtungen."
Internetadresse: http://www.klett-verlag.de
Satz: Janß, Pfungstadt
Druck: Wilhelm Röck, Weinsberg
ISBN 3-12-551650-1

Vorwort

Das vorliegende Arbeitsbuch ergänzt und vertieft lektionsbegleitend die Inhalte des Lehrbuchs „Türkçe".

Die jeweiligen grammatikalischen Schwerpunkte eines Kapitels werden in knapper und verständlicher Form erklärt, daran schließen sich vielfältige Übungen zur Förderung der vier Grundfertigkeiten Hören, Sprechen, Lesen und Schreiben an. Besonderer Wert wird auf Übungen des kommunikativen Typs gelegt.

Im Anhang finden sich die kompletten Texte der auf der Cassette zum Arbeitsbuch aufgenommenen Hörverständnisübungen. Die Dolmetschübungen eines jeden Kapitels, die zu einem freieren Gebrauch der Sprache führen sollen, sind – wie die Leseübungen zur Aussprache – ebenfalls auf der Cassette aufgezeichnet.

In der Kombination von Lehr- und Arbeitsbuch und Audiocassetten wird ein komplettes Lehrwerk für die Erwachsenenbildung bereitgestellt, das sich auch sehr gut zum Selbststudium eignet. Ein Lösungsheft mit allen Lösungen der Übungen aus Lehr- und Arbeitsbuch ist gesondert lieferbar.

Wir hoffen, daß Sie mit „Türkçe" auf interessante und unterhaltsame Weise erfolgreich die türkische Sprache lernen und die Türkei besser kennen und verstehen lernen werden.

Wir wünschen Ihnen viel Spaß an der türkischen Sprache und Kultur!

Einleitung / Önsöz	Seite / Sayfa 7
Die türkische Sprache
Nützliche Hilfsmittel	

Kapitel / Bölüm 1	Seite / Sayfa 9
Singular – Plural / Kleine Vokalharmonie
Lautwert der Buchstaben
Nasıl? Ne? Kim?
Übungen	

Kapitel / Bölüm 2	Seite / Sayfa 18
Große Vokalharmonie
Uhrzeit
tam, yarım, buçuk, çeyrek
Die Fragepartikel *mı/mi/mu/mü*
değil
Plural
Adım, adın, adınız
Gegenwart auf *-yor:* 3. Pers. Sing.
Übungen	

Kapitel / Bölüm 3	Seite / Sayfa 32
de/da
Befehlsform (Imperativ)
Akkusativ
Übungen	

Kapitel / Bölüm 4	Seite / Sayfa 44
Angabe des Ortes und der Richtung
Die *yor*-Gegenwart
Dativ
Übungen	

Kapitel / Bölüm 5	Seite / Sayfa 59
Die personenanzeigenden Endungen
Fürwörter (Pronomen):
Personalpronomen
Demonstrativpronomen
Fragepronomen
Übungen	

Kapitel / Bölüm 6	Seite / Sayfa 71
Geniş Zaman
ile, siz
Übungen	

Kapitel / Bölüm 7	Seite / Sayfa 83

Die Wunschform (Optativ)
Angabe des Datums
Übungen

Kapitel / Bölüm 8	Seite / Sayfa 94

Die besitzanzeigenden Fürwörter
Der besitzanzeigende Fall (Genitiv)
Reihenfolge der Endungen
Die türkische Entsprechung des Hilfsverbs «haben»
Übungen

Kapitel / Bölüm 9	Seite / Sayfa 106

Wortzusammensetzungen
Zusammensetzungen mit *lı/li/lu/lü*
Angabe der Herkunft einer Person
Übungen

Kapitel / Bölüm 10	Seite / Sayfa 116

Geçmiş Zaman (Bestimmte Vergangenheit)
Geçmiş Zaman der türkischen Entsprechung des deutschen Hilfsverbs «sein»
Briefanfänge/-schlüsse
Übungen

Kapitel / Bölüm 11	Seite / Sayfa 127

Wegbeschreibung
Die Postposition *ile*
Befehlsform
Die Endung *-ip*
Ne ... ne
... yerine
Übungen

Kapitel / Bölüm 12	Seite / Sayfa 139

Orts- und Richtungsangaben
Übungen

Kapitel / Bölüm 13	Seite / Sayfa 150

Steigerung des Adjektivs
... kadar
... hem ... hem
Übungen

Kapitel / Bölüm 14	Seite / Sayfa 159

Die Adverbien *belki, herhalde, kesin*
Die Konjunktion *çünkü*
Die Postpositionen *beri, önce, sonra*
Übungen

Kapitel / Bölüm 15	Seite / Sayfa 168

Müssen/sollen
„Ich denke daran zu ..."
Übungen

Kapitel / Bölüm 16	Seite / Sayfa 177

Die Bedingungsform *ise*
Die Bildung des Futurs
Übungen

Einleitung

Türkisch ist eine logische, systematisch aufgebaute Sprache mit nur wenigen Ausnahmen und ohne unregelmäßige Formen. Ihre wesentlichen Merkmale sind:

a) **auf der lautlichen Ebene die Vokalharmonie**

Die Vokale innerhalb eines Wortes werden nach bestimmten Regeln aneinander angeglichen.

Bei der „*kleinen Vokalharmonie*" folgt auf die Vokale *a, ı, o, u* ein *a*, auf die Vokale *e, i, ö, ü* ein *e*. Bei der „*großen Vokalharmonie*" folgt auf *a* und *ı* ein *ı*, auf *o* und *u* ein *u*, auf *e* und *i* ein *i* und auf *ö* und *ü* ein *ü* (siehe 1. und 2. Kapitel).

b) **auf der Ebene der Formen (Morphologie) das agglutinierende Prinzip**

Alle grammatischen Formen werden durch eine eigene, eindeutige Endung angezeigt. Die Endungen werden „aneinandergeklebt" (agglutiniert), z. B.:

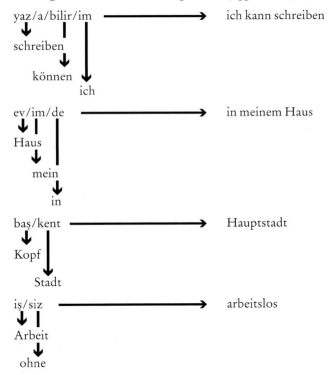

c) **auf der Ebene des Satzbaus (Syntax) die Subjekt-Objekt-Prädikat-Reihenfolge**

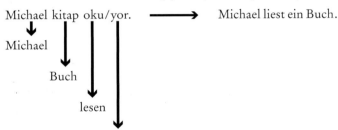

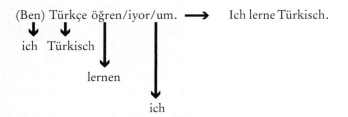

(Im Türkischen ist das Personalpronomen schon in der Verbform enthalten, muß also nicht noch einmal extra erwähnt werden. Will man die Person, die etwas macht, hervorheben, verwendet man das Personalpronomen.)

Wenn Sie die Regeln lernen und ihre Anwendung genügend üben, dürfte Ihnen das Türkische wegen seines logischen Aufbaus eigentlich keine Schwierigkeiten bereiten. Für das Vokabellernen sollten sie sich genügend Zeit nehmen, da sich die Wörter mit Ausnahme der Lehnwörter aus den europäischen Sprachen völlig vom Deutschen unterscheiden. Schreiben Sie sie sich deshalb in ein kleines Vokabelheft oder auf kleine Karteikarten und tragen Sie sie immer bei sich, damit Sie jegliche „verlorene" Zeit (in der Straßenbahn, in der Mittagspause) mit der Wiederholung der Vokabeln füllen können.

Arbeiten Sie regelmäßig! Es ist besser, jeden Tag zehn Minuten für Ihren Kurs zu arbeiten, als einmal in der Woche eine „Mammutsitzung" zu machen. Lernen und wiederholen Sie nicht nur die neuen Wörter, sondern auch die Regeln, die Ihnen im Kurs vorgestellt wurden! Jedes Kapitel des Arbeitsbuches enthält eine Zusammenfassung der in dem betreffenden Kapitel des Lehrbuches vorkommenden grammatischen Phänomene.

Wiederholen Sie in schriftlicher Form die Übungen, die im Unterricht mündlich bearbeitet wurden! Ihr Kursleiter wird sie Ihnen gern korrigieren.

Nützliche Hilfsmittel:

Pons Standardwörterbuch Türkisch–Deutsch/Deutsch–Türkisch, Stuttgart 1989
Pons Wörterbuch der idiomatischen Redensarten Deutsch–Türkisch/Türkisch–Deutsch, Stuttgart 1984
Pons Reisewörterbuch Türkisch, Stuttgart 1982

Kapitel 1 Bölüm

1) Singular–Plural/kleine Vokalharmonie

kitap	kitaplar	öğretmen	öğretmenler
kapı	kapılar	öğrenci	öğrenciler
yol	yollar	göl	göller
kurs	kurslar	gün	günler

| a ı o u ⟶ lar | e i ö ü ⟶ ler |

An Wörter, in deren letzter Silbe ein *a, ı, o* oder *u* steht, wird *-lar* angefügt, und an Wörter, in deren letzter Silbe ein *e, i, ö* oder *ü* steht, wird *-ler* angehängt. Der Gebrauch des Plurals ist sehr viel seltener als im Deutschen: Nach bestimmten und unbestimmten Zahlwörtern entfällt die Pluralendung (*iki kitap* = „zwei Buch"; *çok kitap* = „viel Buch"); ebenso wird bei Aufzählungen die Pluralendung nur einmal verwendet (*kitap ve defterler* = Bücher und Hefte). Auch wo im Deutschen der Plural ohne Artikel gebraucht wird (Bücher = Bücher überhaupt), verwendet man im Türkischen die Singularform.

Die *türkischen Buchstaben* finden Sie im Anhang des Lehrbuches.

2) Folgende **Unterscheidungen im Lautwert der einzelnen Buchstaben** sollten Sie sich merken:

Vokale
hell: e i ö ü
dunkel: a ı o u

Konsonanten
hart: h f s p ş t k ç
weich: b c d ğ g j l m n r v y z

3) Nasıl? (wie?)

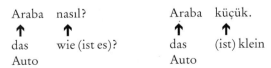

Im Türkischen gibt es keine Artikel. Das Türkische kommt ohne die Formen für „*ist*" und „*sind*" aus.

Beachten Sie die Satzstellung (Subjekt an 1. Stelle)!

4) Ne? (was?)

Ne	küçük?	Araba	küçük.
↑	↑	↑	↑
was	(ist) klein?	das	(ist) klein
		Auto	

5) Kim? (wer?)

| Kapitel | 1 | Bölüm |

Übung 1
Lesen Sie!

1. can, çalışkan, yolculuk, açmak
   maç, macar, öğrenci, pencere
2. teyp, radyo, bey, büyük
3. adınız, kapı, akıllı, kapalı
   açık, hanım, nasıl, nasılsınız
4. nasıl, yüksek, zor, deniz
   güzel, kurs, kaset, silgi

Übung 2
Bilden Sie den Plural von folgenden Substantiven!

masa	masalar	dergi	dergiler Zeitschrift
defter	defterler	gece	geceler
silgi	silgiler Radiergummi	sandalye	sandalyeler
ayna	aynalar Spiegel	karpuz	karpuzlar
fırça	fırçalar Bürste	tarak	taraklar Kamm
dolap	dolaplar Schrank	öğretmen	öğretmenler

Übung 3
Ne ...?

1) Ne kapalı?

kapı
kapalı

2) Ne küçük?

araba
küçük

3) Ne açık?

pencere
açık

4) Ne kalın?
kitap
kalın

Kapitel 1 **Bölüm**

5)  Ne güzel?

deniz
güzel

6) Ne ince?

defter
ince

7) 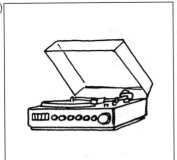 Ne pahalı?

pikap
pahalı

8) Ne büyük?

oda
büyük

9)  Ne ucuz?
billig
çakmak
ucuz

10) Ne acı?

biber ?
acı

11)  Ne tatlı?
elma
tatlı

12) Ne güzel?

ev
güzel

11

| Kapitel | 1 | Bölüm |

Übung 4
Welche der Adjektive, die Sie in dieser Lektion gelernt haben, passen zu folgenden Personen? Bilden Sie je 2 Sätze!

Kadın __kalın__ . _____ .
Öğrenci __çalışkan__ . _____ .
Öğretmen __sevimli__ . _____ .
Erkek __büyük__ . _____ .
Çocuk __küçük__ . _____ .
Bebek __güzel__ . _____ .

Übung 5
Bilden Sie sinnvolle Sätze, indem Sie ein Wort aus dem linken mit einem Wort aus dem rechten Kasten verbinden!

erkek	sevimli
öğrenci	güzel
sigara	zor
masa	büyük
Türkçe	kapalı
İstanbul	ince
göl	alçak
kapı	tembel
hava	akıllı
kadın	açık
araba	pahalı
pencere	iyi

erkek büyük sevimli
öğrenci tembel
sigara ince
masa alçak
Türkçe zor
İstanbul güzel
göl büyük
kapı açık
hava iyi
kadın akıllı
araba pahalı
pencere kapalı

Kapitel   **1**   **Bölüm**

Übung 6
Bringen Sie die Sätze in den beiden Dialogen in die richtige Reihenfolge!

a) Fatma: İyiyim, teşekkür ederim. Siz nasılsınız?
Mustafa: Merhaba, Fatma Hanım.
Mustafa: Ben de iyiyim, sağ olun.
Fatma: Merhaba, Mustafa Bey.
Mustafa: Nasılsınız?

b) Ali: Nasılsın?
Ali: Ben de iyiyim. Seni Ayşe ile tanıştırayım.
Peter: Merhaba Ali, hoş bulduk.
Ali: Merhaba Peter, hoş geldin.
Peter: İyiyim. Sen nasılsın?
Peter: Memnun oldum.

Übung 7
Buchstabieren Sie!

Hasan Türkoğlu
Ayşe Yılmaz
Selda Koraman
Ali Özduran
Semra Güneş
Mehmet Candemir

Kapitel 1 **Bölüm**

Übung 8
Was sagen Sie in folgenden Situationen?

1) Sie betreten ein türkisches Geschäft.
   İyi günler

2) Ein Herr stellt sich Ihnen vor. Sie verstehen seinen Namen nicht.
   efedersiniz? Adınız ne?

3) Ihr Freund Ali stellt Ihnen seine Frau Ayşe vor.
   Memnun oldum

4) Jemand fragt Sie, wie es Ihnen geht. Antworten Sie!
   İyiyim, teşekkür ederim, ya siz?

5) Sie fragen einen oberflächlichen Bekannten, wie es ihm geht.
   nasılsınız?

6) Sie betreten die Wohnung Ihres Freundes Ali. Er heißt Sie willkommen. Sie antworten darauf.
   Hoş bulduk!

7) Sie sind unsicher, ob der betreffende Herr wirklich Hasan Köylü ist.
   Hasan Köylü (bey?) siz misiniz?

8) Sie fordern Ihren Besuch auf, sich zu setzen.
   Buyrun oturun (uz)

9) Sagen Sie, daß der Schüler fleißig ist!
   öğrenci çalışkan

10) Sagen Sie, daß der Weg sehr weit ist!
    yol uzun (çok~)?

11) Fragen Sie nach dem Namen!
    Adın ne?

12) Sagen Sie, daß die Äpfel sehr teuer sind!
    elmalar çok pahalı.

Übung 9
Bilden Sie Sätze!

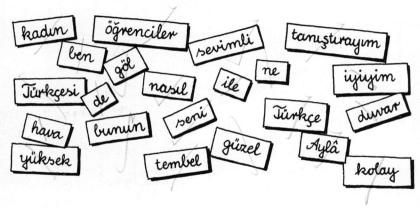

| Kapitel | 1 | Bölüm |

(handwritten notes:)
öğrenciler tembel
kadın sevimli
Türkçe kolay
seni Aylâ ile tanıştırayım
nasılsın? benöyiyim
hava güzel
duvar yüksek
? bunun Türkçesi ne?
gol

Übung 10
Kreuzen Sie an, welche Aussagen für das Gespräch zutreffen!

○ Hasan fragt Ali nach dem Namen.
○ Er bittet ihn, den Namen zu buchstabieren.
○ Ali geht es gut.
○ Erol fragt Ali, wie es ihm geht.
○ Erol hält die Frau für häßlich.

Übung 11
Die Buchstaben in den dick umrandeten Kästchen ergeben den Namen einer Stadt.

systematisch	sistemli	s	i	s	t	e	m	l	**i**
alt	ihtiyar, eski	e	**s**	k	i				
türkisch	türkçe	**t**	ü	r	k	ç	e		
klug, intelligent	akıllı	**a**	k	ı	l	l	ı		
fleißig	çalışkan	ç	a	l	ı	ş	k	a	**n**
Kreide	tebeşir	t	e	**b**	e	ş	i	r	
Kind	çocuk	ç	o	c	**u**	k			
Radiergummi	silgi	s	i	**l**	g	i			

15

Kapitel 1 **Bölüm**

Übung 12
Beschreiben Sie die Personen bzw. Gegenstände!

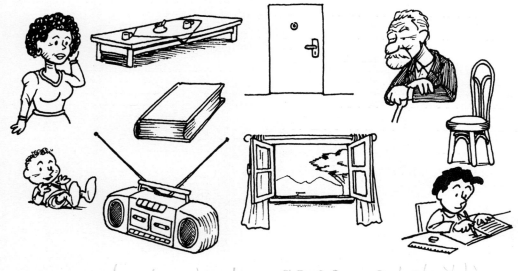

masa alçak, kadın genç, erkek ihtiyar, kapı kapalı, sandalye* pencere açık①

Übung 13
Ordnen Sie die Substantive, die Sie in dieser Lektion gelernt haben, zu!

okul (10) öğretmen öğrenciler defter kitap kalem mektup
ev   (8) masa pencere kapı bahçeğ dolap, buzluk/buzdolab,

* sandalet Sandale   ① açı Winkel
  sandal Boot   acı Schmerz, Scharf

16

Kapitel 1 Bölüm

Übung 14
Sie besuchen eine befreundete türkische Familie: Azime und Mehmet Yılmaz. Formulieren Sie mit den Sätzen und Wörtern, die Sie bis jetzt gelernt haben, ein kurzes Begrüßungsgespräch!

A: Merhaba L., hoş geldin. L: Merhaba Azime ve Mehmet, hoş bulduk. M.: Nasılsın? L: İyiyim, teşekkür ederim. Ya siz, nasılsınız? A: Biz de iyiyiz, sağol! M.: Bugün hava çok güzel. Bahçede oturum mu? L: Tamam. İyi fikir. (...) Ne güzel çiçekler!

Spielen Sie diese Szene in Ihrem Kurs!

Übung 15
Herr Mehmet Sarial stellt Ihnen seinen Freund Ali vor. Schreiben Sie dieses Gespräch auf!

Vokabeln	
ucuz	billig
çakmak	Feuerzeug
tarak	Kamm
karpuz	Wassermelone
ayna	Spiegel
fırça	Bürste
dolap	Schrank
dergi	Zeitschrift
gece	Nacht

Kapitel 2 Bölüm

1) Große Vokalharmonie

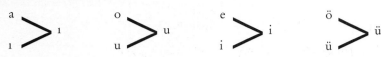

Befindet sich in der vorausgegangenen Silbe ein *a* oder *ı*, muß in der folgenden Silbe ein *ı* geschrieben werden. Auf *o* und *u* folgt ein *u*, auf *e* und *i* ein *i*, auf *ö* und *ü* ein *ü*.

2) **Uhrzeit**

Vergleichen Sie im Lehrbuch S. 21!

Bei der Wiedergabe der Uhrzeit mit Minuten werden bis zu einer halben Stunde **nach** *einer vollen Stunde die vergangenen Minuten mit «geçiyor» angegeben; dabei steht die Uhrzeit, von der man ausgeht, im 4. Fall (große Vokalharmonie). Ab einer halben Stunde wird* **bis** *zur nächsten vollen Stunde gerechnet; die Minuten werden dann mit «var» angegeben, wobei die Uhrzeit im 3. Fall (kleine Vokalharmonie) steht (siehe Arbeitsbuch 1. Kapitel).*

Endet ein Wort mit einem Vokal, wird vor der Endung des 3. bzw. 4. Falles ein *y* eingeschoben.

Beispiele:

Bei *«dört»* ist zu beachten, daß sich vor dem Anhängen der Endung das *t* in ein *d* umwandelt.

dört ⟨ dörde on var (3. Fall)   = es ist zehn vor vier
      dördü on geçiyor (4. Fall) = es ist zehn nach vier

(Zum 3. Fall finden Sie weiteres im 4. Kapitel des Arbeitsbuches, zum 4. Fall im 3. Kapitel.)

Beim Anhängen der Endung *da/de* zur Angabe eines Zeitpunkts (um ... Uhr) ist zu beachten, daß an Wörter, die auf harte Konsonanten enden, die Endung *ta/te* angehängt wird. Die harten Konsonanten sind „*h, f, s, p, ş, t, k, ç*" (alle diese Konsonanten sind in dem Wort „*Haifischpostkutsche*" enthalten).

Beispiele:

üçte	= um drei Uhr	beşte	= um fünf Uhr
dörtte	= um vier Uhr	üç buçukta	= um halb vier

„Halb eins" wird im Türkischen immer mit «*yarım*» wiedergegeben.

3) **tam, yarım, buçuk, çeyrek**

«*Buçuk*» und «*çeyrek*» sind nicht nur die türkischen Entsprechungen zu „*halb*" und „*viertel*" bei Zeitangaben, sondern bezeichnen auch Bruchteile bei Gewichten oder Größenangaben. *Yarım* steht immer ohne weitere Zahl, *buçuk* jedoch immer nach einer Zahl:

yarım kilo üzüm = ein halbes Kilo Weintrauben
iki buçuk kilo üzüm = zweieinhalb Kilo Weintrauben

«*Tam*» ist die Bezeichnung für ein Ganzes.

4) **Die Fragepartikel mı/mi/mu/mü**

Ev küçük mü?	Ist das Haus klein?
Film uzun mu?	Ist der Film lang?
Araba yeni mi?	Ist das Auto neu?
Almanca kolay mı?	Ist Deutsch leicht?

Fragesätze müssen entweder ein Fragewort wie *kim* (= wer) oder *ne* (= was) enthalten oder mit „*mı, mi, mu, mü*" gebildet werden. Die Fragepartikel richten sich nach der großen Vokalharmonie (siehe 1. Abschnitt).

Beachten Sie, daß die Fragepartikeln *mı/mi/mu/mü* immer nach demjenigen Satzteil stehen, der bei der Frage hervorgehoben werden soll.

«*Kadın güzel mi?*» fragt danach, ob die Frau schön und nicht etwa häßlich ist. «*Kadın mı güzel?*» fragt danach, ob die Frau und nicht etwa eine andere Person schön ist.

5) **değil (= ist nicht, sind nicht)**

Kadın güzel değil.	Die Frau ist nicht schön.
Almanca kolay değil.	Deutsch ist nicht leicht.

Sätze mit „*ist*" oder „*sind*" werden durch «*değil*» verneint. Will man fragen, ob etwas oder jemand nicht schön, groß usw. ist, werden nach «*değil*» die Fragepartikeln *mı/mi/mu/mü* gesetzt:

Kadın güzel değil mi?	Ist die Frau nicht schön?
Ev güzel değil mi?	Ist die Wohnung nicht schön?

6) **Plural**

Nach Zahlwörtern muß die Singularform des Substantivs benutzt werden:

iki kalem	= zwei Stifte
dokuz öğrenci	= neun Schüler

7) **Adım, adın, adınız**

Die Endungen „*ım, ın, ınız*" stehen für „*mein, dein, Ihr*". Die besitzanzeigenden Endungen unterliegen der großen Vokalharmonie:

adın

ismin

8) **Die Gegenwart auf -yor: 3. Person Einzahl**

Ders üçte başlıyor.	Der Unterricht fängt um drei an.
Konser onda bitiriyor.	Das Konzert hört um zehn auf.
Ali yedide kalkıyor.	Ali steht um sieben auf.

Die Endung *-yor* wird an den konsonantisch auslautenden Stamm eines Verbs und einen Bindevokal angefügt und bezeichnet die 3. Person Einzahl. Der Bindevokal unterliegt der großen Vokalharmonie:

bitir/mek   kalk/mak

bitir/i/yor   kalk/ı/yor

Bei vokalisch auslautenden Verben wird der letzte Vokal des Stammes weggelassen:

başla/mak

başl/ı/yor

Kapitel 2 Bölüm

Übung 1
Lesen Sie!

Feyzi   Veysel   Vefika   Varol
Veli   Vasef   Feridun Fehmi

Heval   Efe   Yavuz   Tufan
Hanife Sevim   Hava   Sevinç

İffet   Havva   Münevver Saffet
Servet İrfan   Tayfun   Selvi

Übung 2
Tragen Sie Ihre Personalien in den Ausweis ein!

Soyadı: _____

Adı: _____

Baba adı: _____

Ana adı: _____

Doğum tarihi: _____

Doğum yeri: _____

Dini: _____

Medeni hali: _____

Übung 3
Suchen Sie für jedes Substantiv (1. Spalte) alle passenden Adjektive (2. Spalte) heraus!

çocuk araba alıştırma	aptal zor alçak
biber defter deniz	tembel akıllı iyi
duvar erkek kadın	çalışkan çirkin ince
kitap kapı elma	açık acı yeni
okul öğrenci pencere	büyük genç eski
emekli program ders	güzel ihtiyar ilginç
tatil çanta lokanta	kalın kapalı kırmızı
	kolay küçük nazik
	tatlı yüksek zeki
	zor pahalı ucuz

Bilden Sie nun Fragen (Beispiel: Lokanta iyi mi?) und lassen Sie Ihren Sitznachbarn antworten (Hayır, lokanta iyi değil./Evet, lokanta iyi.)!

Kapitel 2 Bölüm

Übung 4

1) Stellen Sie sich vor!

2) Stellen Sie Ihrem türkischen Bekannten Ihren Sitznachbarn vor!

3) Ihnen ist jemand vorgestellt worden. Was sagen Sie?

4) Fragen Sie Ihren Sitznachbarn nach seinem/ihrem Namen!

5) Antworten Sie auf die Frage nach Ihrem Namen!

6) Fragen Sie Ihren türkischen Freund, ob Türkisch schwer ist!

7) Fragen Sie Ihren türkischen Freund, wieviel Uhr es ist!

8) Sagen Sie Ihrem türkischen Freund, daß das Konzert um halb neun anfängt und um elf endet!

9) Fragen Sie, wieviel die Weintrauben kosten!

10) Fragen Sie, ob die Frau Deutsche ist!

11. Fragen Sie, ob Ankara groß ist!

12) Sie haben augenscheinlich die falsche Telefonnummer gewählt. Fragen Sie, ob der Betreffende die Nummer 2 19 24 hat!

13) Fragen Sie Ihren Bekannten nach seiner Telefonnummer!

14) Fragen Sie nach der Telefonnummer seines Freundes Hasan!

| Kapitel | 2 | Bölüm |

Übung 5

Hasan kaçta kalkıyor?
_____

Hasan kaçta kahvaltı yapıyor?
_____

Hasan kaçta işe gidiyor?
_____

Hasan kaçta eve dönüyor?
_____

Hasan kaçta yatağa gidiyor?
_____

Kapitel 2 Bölüm

Übung 6

a) Sie sind bei einer türkischen Familie (Ayşe und Ali Güneş) zu Gast. Dort befindet sich schon ein weiterer Gast (Herr Mehmet Koç), mit dem man Sie bekannt macht. Schreiben Sie das Begrüßungsgespräch und die Vorstellung des anderen Gastes auf!

Spielen Sie diese Szene in Ihrem Kurs!

b) Sie gehen einkaufen. Sie sind ein unentschlossener Kunde und wollen erst einmal den Preis der zum Verkauf stehenden Dinge erfahren. Schreiben Sie Ihre Fragen und die Antworten des Verkäufers auf! (Der Fisch kostet 2400,– TL, die Oliven 1700,– TL, die Wassermelonen 345,– TL, die Pfirsiche 798,– TL.) Schreiben Sie die Zahlen in Worten!

Spielen Sie diese Szene in Ihrem Kurs!

Übung 7

Rechnen Sie die Zahlen auf den Würfeln zusammen und schreiben Sie Ihr Ergebnis in Worten daneben!

Kapitel 2 Bölüm

Übung 8
Schreiben Sie die Höhe der türkischen Berge in Worten auf!

Ak Dağ 2089 m _____

Tahtalı Dağ 2375 m _____

Marçal Dağı 1269 m _____

Ak Dağ 2446 m _____

Dumanlı Dağı 1098 m _____

Hasan Dağı 3253 m _____

Ala Dağları 3910 m _____

Erciyes Dağı 3916 m _____

Toros Dağı 3585 m _____

Bey Dağı 3054 m _____

Eşler Dağı 2254 m _____

Übung 9
Vervollständigen Sie die Fragen und antworten Sie!

Bu, Ümmü _____ ?   Bu, _____ ?   Bu, Jerfi _____ ?

Bu, _____ ?   Bu, Uygur _____ ?   Bu, _____ ?

Kapitel 2 Bölüm

Bu, _____? Bu, Şenol _____? Bu, _____?

Bu, Ceyda _____? Bu, _____? Bu, _____?

Übung 10

Hören Sie aufmerksam zu! Kreuzen Sie an, was richtig ist!

a) ○ Ali und Mehmet fragen sich gegenseitig nach dem Befinden.
○ Nur Ali fragt nach dem Befinden.
○ Nur Mehmet fragt nach dem Befinden.
○ Ali fragt nach dem Befinden von Mehmets Familie.
○ Mehmet fragt nach dem Befinden von Alis Familie.
○ Alis Freund heißt Hasan.
○ Mehmet ist erfreut, Alis Freund kennenzulernen.
○ Ali fragt Mehmet nach der Telefonnummer.
○ Mehmet fragt Ali nach der Telefonnummer.
○ Ali verabschiedet sich als erster.
○ Mehmet verabschiedet sich als erster.

Beantworten Sie die Fragen!

1. Ali nasıl?
2. Mehmet nasıl?
3. Ali'nin telefon numarası kaç?

| Kapitel | | 2 | | Bölüm |

b) *Hören Sie aufmerksam zu und machen Sie sich Notizen dazu, was zu wieviel TL verkauft wird! Anschließend fügen Sie in die Fragen ein, was verkauft wird, und beantworten Sie die Fragen!*

1. _____ kaça?

2. _____ kaça?

3. _____ kaça?

4. _____ kaça?

Übung 11
Hier sind Ihnen bekannte Wörter „versteckt". Schreiben Sie sie heraus!

T	E	L	E	V	İ	Z	Y	O	N	S	N	O	P	R	S	G
C	H	P	Y	O	L	C	U	L	U	K	C	K	S	T	S	C
R	S	N	M	B	C	P	O	L	H	K	A	R	P	U	Z	E
E	D	T	I	M	A	Ç	F	A	T	A	C	H	S	C	K	F
A	K	S	E	V	İ	M	L	İ	A	R	M	U	I	M	S	T
E	N	M	U	Z	S	O	Y	A	D	I	D	P	H	O	G	E
V	O	K	A	P	A	L	I	Ç	A	R	Ş	I	O	P	P	L
S	P	S	U	C	K	O	N	F	E	R	A	N	S	L	H	E
S	C	H	N	A	S	I	L	S	I	N	I	Z	U	E	F	A
U	R	M	U	S	L	S	İ	M	İ	T	K	S	O	N	T	L
N	T	E	N	C	A	N	D	A	N	G	İ	E	T	V	D
F	M	L	I	E	N	Y	A	N	L	I	Ş	J	H	R	T	S
I	D	N	T	P	A	R	L	A	M	E	N	T	O	F	I	S
V	L	C	H	E	S	Ü	R	Ü	Y	O	R	M	S	E	I	N
V	E	B	A	Ş	L	A	M	A	K	T	L	C	H	I	V	E
B	R	A	Y	H	A	B	E	R	L	E	R	K	I	L	U	N
B	A	K	I	R	M	I	Z	I	K	L	R	A	I	E	N	V

27

| Kapitel | 2 | Bölüm |

✏️ Übung 12
Die Namen welcher Nahrungsmittel kennen Sie schon? (10)

_____
_____
_____
_____

✏️ Übung 13

Bu, portakal mı?
Hayır, portakal değil.
Bu, karpuz.

Bu, portakal mı?
Evet, portakal.

Bu, televizyon _____ ?

Bu, sayı _____ ?

_____

Bu, şeftali _____ ?

Bu defter _____ ?

_____

| Kapitel | 2 | Bölüm |

Bu, istasyon _____?

Bu, kadın _____?

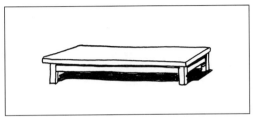
Bu, masa _____?

Bu, okul _____?

Bu, müdür _____?

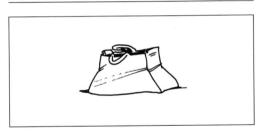
Bu, pencere _____?

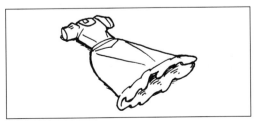
Bu, manto _____?

Bu, göl _____?

Kapitel 2 Bölüm

Übung 14

Fragen Sie danach, wieviel die Kleidungsstücke kosten, und beantworten Sie Ihre Fragen! (Zahlen in Worten schreiben!)

Übung 15

from	IZMIR / İZMİR'den					Çiğli + 03:00
to	**Milan / Milano'ya**					Linate 01.11-28.3 + 01:00 29.3-31.3 + 02:00
...4...	IGL 07.30	IST 08.20	TK 307	D9S	Y	duraksız/nonstop
	IST 10.15	LIN 10.50 (A)	TK 863	D9S	Y	duraksız/nonstop
......7	IGL 07.30	IST 08.20	TK 307	D9S	Y	duraksız/nonstop
	IST 14.15	LIN 14.50 (A)	TK 865	D9S	Y	duraksız/nonstop
to	**Munich / Munih'e**					Riem 01.11-28.3 + 01:00 29.3-31.3 + 02:00
1...56.	IGL 08.45	IST 09.35	TK 311	D9S	Y	duraksız/nonstop
	IST 10.35	MUC 11.05 (A)	TK 889	72S	Y	duraksız/nonstop
.234...	IGL 08.45	IST 09.35	TK 311	D9S	Y	duraksız/nonstop
	IST 10.35	MUC 11.05 (A)	TK 889	D9S	Y	duraksız/nonstop
......7	IGL 07.30	IST 08.20	TK 307	D9S	Y	duraksız/nonstop
	IST 10.35	MUC 11.05 (A)	TK 889	72S	Y	duraksız/nonstop
......7	IGL 11.20	MUC 12.10 (A)	TK 891	D9S	Y	duraksız/nonstop
to	**Paris / Paris'e**					Orly 01.11-28.3 + 01:00 29.3-31.3 + 02:00
.2.....		IGL 08.45	IST 09.35	TK 311	D9S	Y	duraksız/nonstop
		IST 14.30	ORY 15.45 (A)	TK 929	D10	Y	duraksız/nonstop
....5..	06.3-27.3	IGL 08.45	IST 09.35	TK 311	D9S	Y	duraksız/nonstop
		IST 19.30	ORY 20.45 (A)	TK 927	72S	Y	duraksız/nonstop
to	**Rome / Roma'ya**					Fiumicino 01.11-28.3 + 01:00 29.3-31.3 + 02:00
1...5..	IGL 08.45	IST 09.35	TK 311	D9S	Y	duraksız/nonstop
	IST 12.00	FCO 12.20 (A)	TK 861	D9S	Y	duraksız/nonstop
to	**Şamsun / Samsun'a**					Samsun + 03:00
1.3.56.	IGL 07.00	ESB 08.10	TK 202	D9S	Y	duraksız/nonstop
	ESB 09.30	SSX 10.10	TK 412	FJF	Y	duraksız/nonstop
to	**Tehran / Tahran'a**					Mehrabad 01.11-19.3 + 03.30 20.3-31.3 + 04:30
..3....	04.2-25.3	IGL 20.30	IST 21.20	TK 359	D9S	Y	duraksız/nonstop
		IST 23.50	THR 03.10 (C)	TK 800	72S	Y	duraksız/nonstop
to	**Trabzon / Trabzon'a**					Trabzon + 03:00
1234567	IGL 07.30	IST 08.20	TK 307	D9S	Y	duraksız/nonstop
	IST 09.15	TZX 11.05	TK 418	FJF	Y	duraksız/nonstop
1234567	IGL 07.00	ESB 08.10	TK 202	D9S	Y	duraksız/nonstop
	ESB 13.20	TZX 14.35	TK 428	FJF	Y	duraksız/nonstop

| Kapitel | 2 | Bölüm |

Uçak kaçta kalkıyor? Kaçta varıyor?

1) Uçak İzmir'den Milano'ya kaçta kalkıyor?
   Saat yedi buçukta kalkıyor.

2) Uçak Milano'ya kaçta varıyor?

3) Uçak Münih'e kaçta kalkıyor?

4) Uçak Münih'e kaçta varıyor?

5) Uçak Samsun'a kaçta kalkıyor?

6) Uçak Samsun'a kaçta varıyor?

7) Uçak Trabzon'a kaçta kalkıyor?

8) Uçak Trabzon'a kaçta varıyor?

Nun stellen Sie den anderen Kursteilnehmern ähnliche Fragen zum Flugplan!

Vokabeln

elbise	Kleid
kazak	Pullover
çorap	Strümpfe
bluz	Bluse
gömlek	Hemd
ayakkabı	Schuhe
etek	Rock
manto	Mantel (Frau)
palto	Mantel (Mann)
pantolon	Hose
kalkmak	starten, aufstehen
varmak	ankommen
uçak	Flugzeug
bu	dieser, diese, dieses
kahvaltı yapmak	frühstücken
işe gitmek	zur Arbeit gehen
eve dönmek	nach Hause zurückkehren
yatağa gitmek	zu Bett gehen
istasyon	Bahnhof

Kapitel 3 Bölüm

1) de/da

De/da bedeutet „*auch*"; es unterliegt der kleinen Vokalharmonie und steht immer nach seinem Bezugswort:

Mehmet çalışkan. Ali de çalışkan.   Mehmet ist fleißig. Ali ist auch fleißig.

2) Die Befehlsform (Imperativ)

Der Stamm eines Verbs ist gleichzeitig die Befehlsform der 2. Person Singular:

çalış/mak	⟶ çalış	= arbeite!
götür/mek	⟶ götür	= bring!
söyle/mek	⟶ söyle	= sag!

Die Befehlsform der 2. Person Plural wird folgendermaßen gebildet:

Die Endungen *ın/in/un/ün* werden an den Stamm eines Verbs angefügt. Die Entscheidung, welche Endung gewählt wird, hängt von der großen Vokalharmonie ab:

otur/mak	otur/un	= setzt euch!
dön/mek	dön/ün	= kehrt zurück!
gir/mek	gir/in	= tretet ein!
çalış/mak	çalış/ın	= arbeitet!

Endet der Stamm mit einem Vokal, wird ein *y* eingeschoben:

söyle/mek	söyle/y/in	= sagt!
oku/mak	oku/y/un	= lest!

Die Höflichkeitsform wird durch Anhängen der Endung *ınız/iniz/unuz/ünüz* gebildet:

getir/mek	⟶ getir/iniz	= holen Sie!
bak/mak	⟶ bak/ınız	= sehen Sie!
götür/mek	⟶ götür/ünüz	= bringen Sie!
söyle/mek	⟶ söyle/y/iniz	= sagen Sie!

Da die Höflichkeitsform auf *-iniz* sehr formell klingt, wird in der Umgangssprache als Höflichkeitsform die 2. Person Plural verwendet.

Die *Verneinung* der Befehlsform wird gebildet, indem man zwischen den Stamm und der Endung die Silbe *ma/me* einfügt. Die Wahl der Silbe richtet sich nach der kleinen Vokalharmonie:

gel	⟶ gel/me	= komm nicht!
gel/in	⟶ gel/me/y/in	= kommen Sie nicht! kommt nicht!
iç/iniz	⟶ iç/me/y/iniz	= trinken Sie nicht!
oku/y/un	⟶ oku/ma/y/ın	= lesen Sie nicht! lest nicht!

3) Der Akkusativ (4. Fall)

Der 4. Fall (Akkusativ) richtet sich nach der großen Vokalharmonie. Endet ein Wort mit einem Vokal, wird vor der Endung des 4. Falles ein *y* eingeschoben. Harte Konsonanten am Ende eines Wortes werden vor dem Anhängen der Endung in weiche umgewandelt:

kitap ⟶ kitab/ı
durak ⟶ durağ/ı
kapı ⟶ kapı/y/ı
pencere ⟶ pencere/y/i
manto ⟶ manto/y/u

Bei einsilbigen Wörtern, die mit einem harten Konsonanten enden, bleibt dieser unverändert:

top ⟶ top/u
saç ⟶ saç/ı

Bei Eigennamen wird die Endung mit einem Apostroph abgetrennt:

Ülkü ⟶ Ülkü'yü
Nermin ⟶ Nermin'i

Der 4. Fall wird nur dann angewandt, wenn die Frage „*wen oder was?*" nach einem ganz bestimmten Gegenstand gestellt wird. Drückt man etwas allgemein aus, z. B.: *Ich kaufe Bücher (Kitap alıyorum)*, wird keine Endung angehängt. Eigennamen (Namen von Personen, Städten, Ländern, Institutionen usw.) sind immer bestimmt, müssen also auf die Frage „*wen oder was?*" die Endung des 4. Falles erhalten.

Die Endung erfordern:

– Substantive mit bestimmten Artikeln (*Kahveyi nasıl içiyorsun?* Wie trinkst du den Kaffee?)

– Akkusativobjekte nach den Demonstrativpronomen *bu, şu, o* (*Bu adamı tanıyorum.* Ich kenne diesen Mann.)

– Personalpronomen im Akkusativ (*Onu seviyorum.* Ich liebe ihn/sie.)

– das Fragepronomen *kim* (*Kimi görüyorsun?* Wen siehst du?)

– Akkusativobjekte mit Possessivendungen (*Arkadaşımı görüyorum.* Ich sehe meinen Freund.)

Hinweis:

Im Vokabelverzeichnis steht hinter den Verben, die den Akkusativ verlangen, „-i" = *i-hali* (Akkusativ).

Kapitel 3 **Bölüm**

Übung 1
Lesen Sie!

Yaman Jale Yusuf Jülide
Jefker Jerfi Yeter Yeşim

Haydar Uygur Ajda Müjgan
Nejla Ceyda Müjde Uygur

Süreyya Ulya Hülya Tiraje
Naciye Hülya Müjgan Jekfer

Übung 2
Ordnen Sie die bis jetzt gelernten Wörter unter die Stichwörter ein!

Gemüse	Obst	Fleischwaren
___	___	___
___	___	___
___	___	___
___	___	___
___	___	___
___	___	___
___	___	___

Getränke	andere Nahrungsmittel
___	___
___	___
___	___
___	___
___	___
___	___
___	___

| Kapitel | 3 | Bölüm |

Übung 3

Hören Sie genau zu! Denken Sie daran, daß Sie nicht jedes Wort zu verstehen brauchen. Beantworten Sie dann die Fragen auf Türkisch!

1) Welche Dinge preist der Verkäufer an?
2) Was kauft die Frau?

Übung 4

Herr Zafer Özbek kauft immer das Billigste. Ne alıyor?

Zafer Bey _____

_____

_____

_____

_____

_____

_____

35

| Kapitel | 3 | Bölüm |

Übung 5
Çiğ Köfte

500 gram yağsız dana kıyması
2 soğan
1,5 su bardağı köftelik bulgur
1 demet maydanoz
Yeşil salata ya da marul
Karabiber
Yeteri kadar tuz, kırmızı biber

Soğanı ince rende ile rendeleyin. Bunu yağsız körpe dana kıymasında eritin.
Köftelik bulgurla 20 dakika yoğurun. Sonra tuz, kırmızı biber, ve karabiber, çok ince maydanozla yoğurun. Yarım saat sonra ceviz büyüklüğünde parçalarla biçimlendirin. Yeşil salata ya da marul yaprakları arasında servis yapın.

1) Suchen Sie alle Befehlsformen heraus und übersetzen Sie sie unter Zuhilfenahme des Vokabelteils!
2) Übersetzen Sie die unterstrichenen Wörter!
3) Vergleichen Sie mit der Übersetzung!

Frau Gürcan kauft die Zutaten für dieses Rezept ein. Schreiben Sie das Gespräch beim Kaufmann auf und spielen Sie anschließend die Szene im Kurs!

Übung 6
Öğretmen ne diyor?

Hasan, pencereyi kapat.

Ali, _____ (kapıyı/kapatmak)

Zeynep, _____ (kitabı/çıkarmak)

Taner, _____ (konuşmamak)

Adem, Enver, _____ (kitabı/açmak)

Melek, _____ (alıştırmayı/yazmak)

| Kapitel | 3 | Bölüm |

Zafer, _____ (elini/yıkamak)

Ayşe, _____ (kolayı/içmemek)

Serap, _____ (defterini/götürmek)

Afet, _____ (okumaya başlamak)

Enver, Adem, _____ (gülmemek)

Mustafa, _____ (içeri gelmek)

Gülcan, Aysel, _____ (gevezelik/yapmamak)

Übung 7

1) Sie haben keine Zeit zum Einkaufen. Sagen Sie Ihrem türkischen Bekannten, er solle Käse und Oliven kaufen!

2) Der Verkäufer fragt Sie, ob Sie weitere Wünsche haben. Sie haben keine. Was antworten Sie?

3) Sie bitten jemanden (mit „Sie" anreden!), nicht schnell zu sprechen.

4) Sie bitten jemanden (mit „Sie" anreden!), langsam zu sprechen.

5) Bitten Sie Ihren türkischen Bekannten, den Fernseher leiser zu stellen!

6) Sagen Sie dem Verkäufer im türkischen Geschäft, daß Sie *auch* ein Kilo Mandarinen kaufen wollen!

7) Fragen Sie, ob jemand Tee oder Kaffee möchte!

8) Sagen Sie dem Sohn Ihres türkischen Bekannten, er solle nicht rauchen!

9) Was fragt der Verkäufer, wenn Sie das Geschäft betreten haben?

10) Bitten Sie Ihren türkischen Bekannten, den Brief einzustecken!

11) Bitten Sie Ihre türkischen Freunde, Sie wieder zu besuchen (wieder zu kommen)!

12) Bitten Sie den Verkäufer im türkischen Geschäft, Ihnen ein Päckchen Tee zu geben!

Übung 8
Erstellen Sie nach den Vorgaben ein Verkaufsgespräch! Der Verkäufer versucht, Sie auf die schönen Orangen aufmerksam zu machen. Als Sie den Joghurt verlangen, fragt er Sie, ob Sie einen kleinen oder einen großen Becher wollen.

<u>Einkaufsliste</u>
1 Pfund Gehacktes vom Kalb
1 Kilo Zwiebeln
1 Kilo Tomaten
1 Päckchen Tee
2 Kilo Pfirsiche
1 Joghurt

Übung 9
Doktor ne diyor? (Benutzen Sie, wenn nötig, die Verneinung!)

elma yemek	rakı içmek	tereyağı yemek
sigara içmek	süt içmek	bira içmek

Kapitel 3 Bölüm

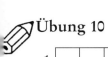

Übung 10

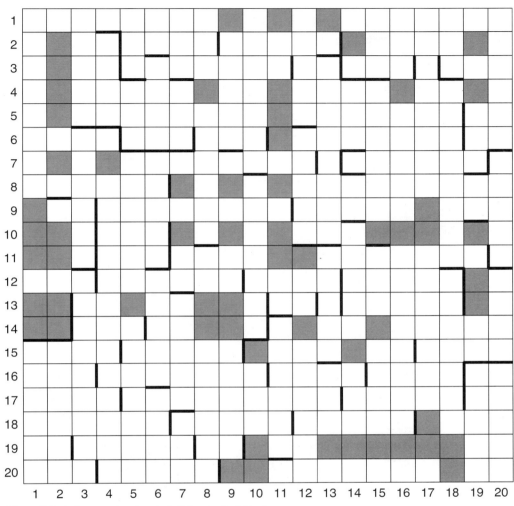

(Die erste Zahl gibt die waagerechte, die zweite Zahl die senkrechte Zahl an.)

waagerecht

1,1	Lehrer	4,11	Pause	4,16	waschen
14,1	Tomate	7,11	minus	11,16	Wetter
5,2	dreißig	13,11	Fenster	15,16	vier
9,2	mein Name	1,12	gib!	1,17	Rekorder
15,2	kurz	4,12	Rentner	5,17	Konferenz
3,3	auch	10,12	intelligent	14,17	Woche
5,3	Lärm	14,12	sprich!	19,17	zehn
14,3	Religion	3,13	was	1,18	geben
1,6	blau	11,13	Haus	7,18	Ferien
8,6	mit	14,13	Zitrone	12,18	neun
19,6	dieser	3,14	blind	18,18	gut
5,7	Orange	16,14	essen	1,19	trink!
14,7	aufhören	1,15	iß nicht!	3,19	halb
1,8	Wassermelone	5,15	Angestellter	8,19	nimm!
4,9	zuhören	15,15	drei	1,20	lege!
4,10	fünf	17,15	verheiratet	4,20	Radiergummi
19,5	und	1,16	komm!	11,20	neunzehn

senkrecht

1,1	lernen	12,6	nehmen
3,1	Radio	12,15	herzlich
3,6	ankommen	13,3	vermische!
4,2	steh auf!	13,11	Plattenspieler
5,4	Milch	14,4	viel
6,3	Weintrauben	14,8	Monat
6,12	Brot	14,10	warte!
6,17	Schule	16,5	Ferien
7,4	Weg	18,4	Nachrichten
7,13	Wald	19,8	jene
8,5	gehen	19,16	lege nicht!
9,4	Honig	20,1	streng
10,1	wollen	20,7	Tafel
10,8	mach sauber	20,12	intelligent
11,14	teuer	20,16	zwölf
12,1	Kirsche		

Die Buchstaben aus folgenden Kästchen ergeben in die richtige Reihenfolge gebracht einen Satz, in dem der Name Ali vorkommt: 4,11/7,1/9,7/7,18/ 11,19/4,16/10,13/8,12/8,1/10,11/9,12/16,2/5,12/6,10/13,9/5,10/10,8/15,13/7,17/13,17/7,7/2,6.

39

| Kapitel | 3 | Bölüm |

Übung 11
Bayan Çınar her şeyi unutuyor. Ne unutuyor?

mektuplar	bal	süt
manto	elmalar	kahve
radyo	peynir	çay
paket	reçel	yoğurt

Mektupları unutuyor.

Übung 12
Azime Alkan izine gidiyor. Ne getiriyor?

Çantayı getiriyor.

Kapitel 3 **Bölüm**

Übung 13
Mehmet Yıldız okula gidiyor. Ne getiriyor?

Kitapları getiriyor.

Kapitel 3 Bölüm

Übung 14
Hier sind die Antworten. Formulieren Sie dazu passende Fragen!

1) _____? Bir kilo domates istiyorum.
2) _____? Bu Ülkü Hanım.
3) _____? Evet, deniz çok güzel.
4) _____? Teşekkür ederim. Hepsi bu kadar.
5) _____? Üzüm 635 lira.
6) _____? Konser saat onda bitiyor.
7) _____? İki kilo lütfen.
8) _____? Biri yirmi beş geçiyor.
9) _____? Evet, Türkçe kolay.
10) _____? Mehmet Bey'in telefon numarası 29271.
11) _____? İsmim Ramazan.
12) _____? Evet, Zeynep çok tembel.
13) _____? Öğretmen sert.
    _____?
    _____?
14) _____? İyiyim.

Kapitel 3 **Bölüm**

Vokabeln

çıkarmak	herausnehmen
okumaya başlamak	zu lesen anfangen
gevezelik yapmak	schwätzen
sigara içmek	rauchen
her şey	alles (jede Sache)
izin	Urlaub
harita	Landkarte
makas	Schere
gözlük	Brille

Hörverständnisübung

marul	grüner Salat
meyve	Obst

Lesetext

yağsız	ohne Fett
soğan	Zwiebel
bardak	Glas
bulgur	Weizengrütze
demet	Bündel
maydanoz	Petersilie
karabiber	schwarzer Pfeffer
tuz	Salz
kırmızı	rot
rendelemek	hobeln, reiben
eritmek	auflösen
körpe	frisch
bunu	dieses
dakika	Minute
bulgurla	mit Bulgur
yoğurmak	kneten
ceviz	Walnuß
büyüklük	Größe
biçimlendirmek	formen
arasında	zwischen
ya da	oder
servis yapmak	servieren

Kapitel 4 Bölüm

1) **Angabe des Ortes (de/da) und der Richtung (den/dan ⟶ ye/ya)**

   a) Die Silben *de/da* stehen für die deutschen Verhältniswörter *in, an, auf, bei*. An Wörter, in deren letzter Silbe ein *e, i, ö* oder *ü* steht, wird «*de*» angefügt; an Wörter, in deren letzter Silbe ein *a, ı, o* oder *u* steht, wird «*da*» angehängt. Endet ein Wort mit einem harten Konsonanten (siehe 2. Kapitel), werden die Silben «*te*» bzw. «*ta*» angefügt:

Ankara'da	= in Ankara	İzmir'de	= in Izmir
Diyarbakır'da	= in Diyarbakır	Bremen'de	= in Bremen
Trabzon'da	= in Trabzon	Köln'de	= in Köln
Erzurum'da	= in Erzurum	Prüm'de	= in Prüm
Bitlis'te	= in Bitlis	Karabük'te	= in Karabük
Frankfurt'ta	= in Frankfurt	Münih'te	= in München

   b) Die Silben *den/dan* stehen für die deutschen Verhältniswörter *von* und *aus*. Sie richten sich nach der kleinen Vokalharmonie (siehe oben).

Ankara'dan	= von/aus Ankara
Diyarbakır'dan	= von/aus Diyarbakır
Bitlis'ten	= von/aus Bitlis
Münih'ten	= von/aus München

   Die anzuhängende Silbe *-e/-a* steht für die deutschen Verhältniswörter *nach, zu, in*, die die Richtung angeben. Sie richtet sich nach der kleinen Vokalharmonie. Endet ein Wort mit einem Vokal, wird ein *y* eingeschoben. Bei Eigennamen werden, wie auch bei der Ortsform, die anzuhängenden Silben durch ein Apostroph abgetrennt.

   Beachten Sie: Bei zusammengesetzten Wörtern (z. B. *Gülhane Parkı = Gülhanepark*) wird zwischen dem Vokal am Ende des Wortes und den Endungen ein *n* zwischengeschoben.

okula	= in die Schule
Ülkü'ye	= zu Ülkü
Erol'a	= zu Erol
Ankara'ya	= nach Ankara
eve	= nach Hause
istasyona	= zum Bahnhof

2) **Die -yor Gegenwart**

   a) Die Endungen *-iyorum/-iyorsun/-iyor/-iyoruz/-iyorsunuz/-iyorlar* werden an den Stamm eines Verbs angehängt. Das *i* unterliegt der großen Vokalharmonie:

bil/mek	= wissen
bil/i/yor/um	= ich weiß
bil/i/yor/sun	= du weißt
bil/i/yor	= er/sie/es weiß
bil/i/yor/uz	= wir wissen
bil/i/yor/sunuz	= ihr wißt
bil/i/yor/lar	= sie wissen

al/mak	= nehmen
al/ı/yor/um	= ich nehme
al/ı/yor/sun	= du nimmst
al/ı/yor	= er/sie/es nimmt
al/ı/yor/uz	= wir nehmen
al/ı/yor/sunuz	= ihr nehmt
al/ı/yor/lar	= sie nehmen
gül/mek	
gül/ü/yor/um	= ich lache
gül/ü/yor/sun	= du lachst
gül/ü/yor	= er/sie/es lacht
gül/ü/yor/uz	= wir lachen
gül/ü/yor/sunuz	= ihr lacht
gül/ü/yor/lar	= sie lachen

Endet der Verbstamm mit einem Vokal, wird dieser ausgelassen:

iste/mek	= wollen
ist/i/yor/um	= ich will
oyna/mak	= spielen, tanzen
oyn/u/yor/um	= ich spiele

b) *Verneinung*

Verben werden mit der Silbe *-me/-ma* verneint; diese Silbe steht nach dem Verbstamm und unterliegt bei der Verneinung des Infinitivs der kleinen, bei der Konjugation der großen Vokalharmonie:

gül/mek	= lachen
gül/me/mek	= nicht lachen
oku/mak	= lesen
oku/ma/mak	= nicht lesen
gel/i/yor/um	= ich komme
gel/mi/yor/um	= ich komme nicht
konuş/u/yor/um	= ich spreche
konuş/mu/yor/um	= ich spreche nicht
çalış/ı/yor/um	= ich arbeite
çalış/mı/yor/um	= ich arbeite nicht
gül/ü/yor/um	= ich lache
gül/mü/yor/um	= ich lache nicht

c) *Die Frageform*

Die Frageform wird mit der 3. Person Einzahl bzw. Mehrzahl und den Fragewörtern *muyum/musun/mu/muyuz/musunuz/mu* gebildet:

geliyor muyum?	= komme ich?
geliyor musun?	= kommst du?

geliyor mu?	= kommt er/sie/es?
geliyor muyuz?	= kommen wir?
geliyor musunuz?	= kommt ihr?
geliyorlar mı?	= kommen sie?

3) Dativ (3. Fall)

Um den Dativ zu bilden, der auf die Frage *kime?* = *wem?* antwortet, wird die Endung *-e/-a* angehängt. Die Endung unterliegt der kleinen Vokalharmonie. Endet ein Wort mit einem Vokal, wird ein *y* zwischengeschoben.

Ülkü kitabı Ayla'ya veriyor.	= Ülkü gibt Ayla das Buch.
İlhan İlhami'ye bir gazete gönderiyor.	= Ilhan schickt Ilhami eine Zeitung.
Fatma Yıldız'a bir gazete gönderiyor.	= Fatma schickt Yildiz eine Zeitung.
Zafer Erol'a bakıyor.	= Zafer schaut Erol an (oder: paßt auf Erol auf).

Einige Verben, die im Deutschen den Akkusativ erfordern, stehen im Türkischen mit dem Dativ (siehe letztes Beispiel).

Beachten Sie: Bei Verben, die den Dativ erfordern, steht im Vokabelteil des Lehrbuchs ein *-e* = *e-hali* (Dativ).

4) Uhrzeit

Für Zeitangaben mit „*um ... vor ...*" wird «*kala*» gebraucht, für Zeitangaben mit „*um ... nach ...*" wird «*geçe*» benutzt. Bei «*kala*» steht die volle Stundenangabe im Dativ (3. Fall), bei «*geçe*» im Akkusativ (4. Fall):

dördü beş geçe	= um fünf nach vier
sekizi çeyrek geçe	= um viertel nach acht
sekizi yirmi altı geçe	= um 26 Minuten nach acht
dokuza on dokuz kala	= um 19 Minuten vor neun
dokuza çeyrek kala	= um viertel vor neun
dokuza iki kala	= um 2 Minuten vor neun

Kapitel 4 Bölüm

Übung 1
Lesen Sie! Beachten Sie die türkische Satzmelodie!

Merhaba Ayşe, hoş geldin.

Nasılsın?

İyiyim.

Sen nasılsın?

Ben de iyiyim.

Lesen Sie die folgenden Namen! Achten Sie besonders auf die richtige Aussprache der Anfangsbuchstaben!

Çiçek	Şennur	Çavuş	Sevda
Cumhur	Zekiye	Şener	Şengül
Jale	Çetin	Selami	Ziya
Şenay	Serol	Zeynep	Celal
Sabri	Jülide	Ceyda	Çiğdun
Zehra	Cemile	Jerfi	Jekfer

Kapitel 4 Bölüm

Übung 2
Nerede oturuyorlar?

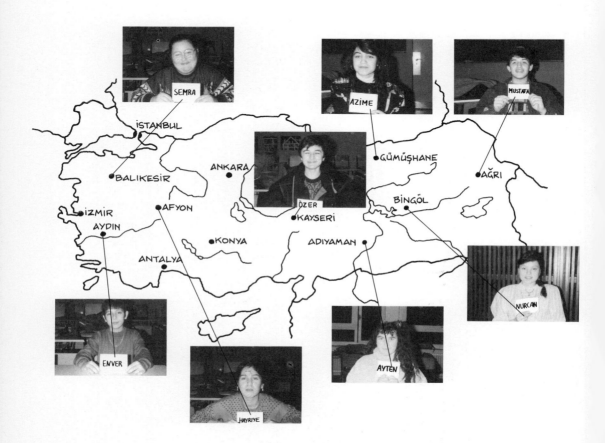

Özer _____ oturuyor.
Ayten _____.
Nurcan _____.
Azime _____.
Mustafa _____.
Hayriye _____.
Semra _____.
Enver _____.

Kapitel 4 Bölüm

Übung 3

Jale telefon ediyor mu?
Hayır, telefon etmiyor.
Gazete okuyor.

Uygur _____? (sigara içmek)
_____
_____ (telefon etmek)

(Ben) _____? (büroda çalışmak)
_____
_____

(Sen) _____? (uyumak)
_____
_____

(Siz) _____? (pizza yemek)
_____
_____

Kapitel 4 **Bölüm**

(Onlar) _____? (ütü yapmak)
_____
_____

(Sen) _____? (bahçede oturmak)
_____
_____

(Ben) _____? (ütülemek)
_____
_____

(Onlar) _____? (çiçekleri sulamak)
_____
_____

(Siz) _____? (çamaşır yıkamak)
_____
_____

Kapitel 4 Bölüm

Übung 4

1) Sagen Sie Ihren Bekannten, daß Sie am Ausflug nicht teilnehmen!

2) Fragen Sie Ihre Bekannten, ob sie Englisch können!

3) Fragen Sie, wohin die Kinder gehen!

4) Fragen Sie, ob es heute keinen Bus nach Antalya gibt!

5) Fragen Sie, wann der Bus nach Antalya abfährt!

6) Fragen Sie, wann der Bus in Antalya ankommt!

7) Sie wollen eine Fahrkarte nach Antalya kaufen. Fragen Sie, wo der Schalter ist und bitten Sie um eine Fahrkarte nach Antalya!

8) Fragen Sie, wieviel eine Fahrkarte nach Ankara kostet!

9) Fragen Sie, wo der Busbahnhof ist!

10) Sie fragen einen Bekannten, wo er wohnt (Siezen Sie ihn!)!

11) Sie sagen einem Bekannten, daß Sie nicht in Köln, sondern in Düsseldorf wohnen!

12) Fragen Sie Ihren Bekannten, was er ißt!

13) Sagen Sie Ihrem Bekannten, daß Sie zur Apotheke gehen!

14) Sagen Sie, daß Sie die Fahrkarte nicht finden!

Übung 5

Sehen Sie sich die für die Hörverständnisübung wichtigen Vokabeln an und hören Sie dann mehrmals die Szene!

Beantworten Sie nun die Fragen und kreuzen Sie die richtigen Aussagen an!

1) Bugün Konya'ya otobüs var mı?
2) Turist bilet alıyor mu?
3) Turist otobüs istasyonunda bekliyor mu?

○ Um zum Busbahnhof zu gelangen, muß man rechts gehen.
○ Um zum Busbahnhof zu gelangen, muß man links gehen.
○ Der Tourist fragt den Schalterbeamten nach einem Hotel.
○ Der Tourist fragt einen Passanten nach einem Hotel.
○ Das Hotel befindet sich links vom Busbahnhof.
○ Das Hotel befindet sich rechts vom Busbahnhof.
○ Das Hotel befindet sich in der İnönü Caddesi.

Übung 6

Sie sind in Istanbul und sehen sich die Stadt an. Sagen Sie, daß Sie von ... zu ... gehen!

otel ⟶ sergi
Otelden sergiye gidiyorum.

sergi ⟶ müze
müze ⟶ saray
saray ⟶ kilise
kilise ⟶ cami
cami ⟶ köprü
köprü ⟶ galeri
galeri ⟶ park
park ⟶ pazar
pazar ⟶ otel

Sie machen auch Ihre alltäglichen Erledigungen:

postane ⟶ eczane
kitapçı ⟶ banka
otel ⟶ balık lokantası

Übung 7

Setzen Sie die Verben in der richtigen Form an die passende Stelle!

| oynamak | pişirmek | yazmak | etmek | sulamak | oturmak |
| varmak | gitmek | koşmak | dönmek | | |

1) Uçak akşamüstü beşe doğru _____.
2) Ali, bütün gün _____.
3) Çocuklar bahçede futbol _____.
4) Bayan Cebci büroda çiçekleri _____.
5) Sabahları _____. (ben)
6) Saat beşte eve _____. (siz)
7) Bu akşam sinemaya _____. (biz)
8) Her akşam tavla _____. (onlar)

Stellen Sie nun zu den Sätzen Fragen!

Verneinen Sie die Sätze!

Übung 8

Erstellen Sie eine Szene am Busbahnhof! Schreiben Sie die Dialoge auf und spielen Sie die Szene anschließend im Kurs!

Sie treffen am Busbahnhof einen Bekannten. Er fragt Sie, wohin Sie fahren. Sie fragen nach seinem Reiseziel und fragen, wo der Fahrkartenschalter ist.

Am Fahrkartenschalter erkundigen Sie sich, ob es heute noch einen Bus nach Alanya gibt. Fragen Sie, wann er abfährt und wann er ankommt. Kaufen Sie eine Fahrkarte und fragen Sie, wieviel sie kostet!

Übung 9

Arbeiten Sie mit einem Partner zusammen! Formulieren Sie zunächst gemeinsam Fragen, die man einander zum Tagesverlauf des einzelnen stellen kann (z. B. kaçta kalkıyorsun? kahvaltı yapıyor musun?)!

Wenn Ihnen Wörter fehlen, fragen Sie Ihren Kursleiter, aber formulieren Sie keine zu komplizierten Fragen! „Interviewen" Sie sich gegenseitig! Machen Sie sich dabei Notizen!

Im Kurs stellt dann jeder den Tagesablauf seines Partners vor. Eine Möglichkeit eines solchen Berichtes finden Sie im Lösungsteil des Arbeitsbuches.

Übung 10
Nereye gitmek istiyorlar?

Kişi	Nereden → Nereye	Cümle
Cemal	Roma → Varşova	Cemal Roma'dan Varşova'ya gitmek istiyor
Ziya	İngiltere → Rusya	
Celal	Bonn → Milano	
Hanife	Bulgaristan → Macaristan	
Haydar	İsveç → Danimarka	
Serol	Budapeşte → Kopenhagen	
Sabri	Paris → Münih	
Kemal	Lizbon → Amsterdam	

Siz nereye gitmek istiyorsunuz?

Übung 11

Recep ist ausgesprochen faul. Schreiben Sie auf, was er alles nicht macht!

takvimi duvara asmak   ders çalışmak
oyuncakları toplamak   alış veriş yapmak
sabahları kalkmak   mektubu yazmak

Seine Mutter ist verständlicherweise böse auf ihn und will wissen, warum er sich so verhält.

Takvimi duvara niçin asmıyorsun?

Übung 12

Lesen Sie den Text und beantworten Sie die Fragen!

Adım Fatma Usluoğlu. 45 yaşındayım. 15 senedir Almanya'da çalışıyorum. Gelsenkirchen'de Bismarckstraße'de oturuyoruz. Küppersbusch fabrikasında çalışıyorum. Kocam Wanne-Eikkel'de küçük bir firmada çalışıyor. Ben hiç Almanca bilmiyorum. Nasıl öğreneyim? Ben okuma yazma bile bilmiyorum. Türkiye'de küçük bir köyde yaşadık. Bizim köyde hâlâ ilkokul bile yok. Bazen yolda bir Alman bana soru soruyor. O zaman korkuyorum, çünkü hiç bir şey anlamıyorum. Çok da utanıyorum. Bütün gün çalışıyorum, evde yemek yapıyorum, çocuklarla ilgileniyorum. Yemek yiyoruz. Sonra mutfakta bulaşık yıkıyorum. Sonra biraz televizyon seyrediyoruz ve uyuyoruz. Sabah yine işe gidiyorum. Hergün böyle. Okuma, yazma öğrenmek istiyorum. Gazete, kitap okumak istiyorum. Mektup yazmak istiyorum. Radyo, televizyon anlamak istiyorum. Ama nerede, nasıl öğreneyim bilmiyorum.

1) Fatma Almanca biliyor mu?
2) Fatma nerede çalışıyor?
3) Nerede oturuyor?
4) Bütün gün Fatma ne yapıyor?
5) Akşam ne yapıyor?
6) Fatma ne yapmak istiyor?

Arbeiten Sie nun den Text unter Zuhilfenahme des Vokabelteils durch! Bilden Sie Vierergruppen und überlegen Sie sich Fragen zu diesem Text! Stellen Sie sich dann gegenseitig im Kurs Fragen! Die Gruppe, die die meisten Fragen beantworten kann, hat gewonnen. Beim Antworten darf nicht in den Text geschaut werden.

| Kapitel | 4 | Bölüm |

Übung 13

| | | | | Y | O | R | | | | | | | | | M | | Y | O | R | | | |
(grid puzzle with Y O R columns and M Y O R columns)

1) du hängst auf
2) wir waschen
3) ich mache
4) sie spielen
5) du versteckst
6) ich esse
7) du sagst
8) er bügelt
9) du gießt
10) wir warten
11) ich fange an
12) er arbeitet
13) du legst
14) ich kehre zurück

1) ihr sagt nicht
2) sie schlafen nicht
3) ich nehme nicht teil
4) du willst nicht
5) er wohnt nicht
6) ich gehe nicht aus
7) ihr trinkt nicht
8) du räumst nicht auf
9) ich schneide nicht
10) ihr wascht nicht
11) wir kommen nicht
12) ich lege nicht
13) er kehrt nicht zurück
14) wir nehmen nicht

Übung 14
Setzen Sie die richtigen Endungen ein!

1) Mektup_____ öğretmen_____ yazıyorum.

2) Dolap_____ manto_____ alıyor.

3) Gömlek_____ ütülüyor.

4) Taner_____ bakıyor.

5) Ne arıyorsun? Anahtar_____ arıyorum.

6) Zeynep Hanım Erol_____ kitap_____ gönderiyor.

7) Çocuklar paketler_____ açıyor.

8) Sinema_____ gidiyoruz.

Kapitel 4 **Bölüm**

9) Zeynep Hanım yemek_____ hazırlıyor.
10) Uğur_____ gördün mü?
11) Kim_____ bekliyorsun? Şadiye_____ bekliyorum.
12) Elif sokak_____ çıkıyor.
13) Bu Türkçe kitabı_____ anlıyor musun?
14) Şef_____ söylüyorum.
15) Şeref araba_____ yıkıyor.

Übung 15
Finden Sie die dazugehörigen Fragen!

1) _____ ? Almanca anlamıyor.
2) _____ ? Tavla oynamıyoruz.
3) _____ ? Bira içmiyorum.
4) _____ ? İstanbul'a gitmek istiyorum.
5) _____ ? Evet, Türkçe kursuna gidiyoruz.
6) _____ ? Hayır, sigara içmiyoruz.
7) _____ ? Hayır, geç yatıyorum.
8) _____ ? Evet, bu akşam geliyoruz.
9) _____ ? Hayır, Ali izine gitmiyor.
10) _____ ? Osman'ı bekliyorum.
11) _____ ? Tatilde Antalya'ya gidiyoruz.
12) _____ ? Köln'de oturuyoruz.

Übung 16
Beantworten Sie die Fragen!

1) Tavla oynuyor musunuz?
2) Tatilde nereye gidiyorsunuz?
3) Hergün ne yapıyorsunuz?
4) Sinemaya gidiyor musunuz?
5) İngilizce biliyor musunuz?
6) Çok mu televizyon seyrediyorsunuz?
7) Biraz Türkçe anlıyor musunuz?
8) Lahmacun yiyor musunuz?
9) Bir şey içiyor musunuz?
10) Yemek için ne istiyorsunuz?

Kapitel 4 Bölüm

Vokabeln

örgü örmek	stricken
futbol oynamak	Fußball spielen
bütün gün	den ganzen Tag
oyuncak	Spielzeug
niçin	warum
İngilizce	Englisch

Lesetext

sene	Jahr
fabrika	Fabrik
koca	Ehemann
firma	Firma
hiç	überhaupt nicht
çünkü	weil
bile	nicht einmal
yok	es gibt nicht
hâlâ	noch immer
köy	Dorf
bizim	unser
bazen	manchmal
yolda	unterwegs
korkmak	sich ängstigen
hiç bir şey	nichts
utanmak	sich schämen
ilgilenmek	sich kümmern, sich interessieren
sonra	später
mutfak	Küche
bulaşık	ungespültes Geschirr
televizyon seyretmek	fernsehen
biraz	etwas
yine	wieder
hergün	jeden Tag
böyle	so, auf diese Weise
öğreneyim	ich will lernen
ama	aber

Hörverständnisübung

sağa	rechts
sola	links
göstermek	zeigen
sağ tarafta	auf der rechten Seite
sol tarafta	auf der linken Seite
sokak	Straße
sokağında	in der Straße
ilerde	vorn

Kapitel 5 Bölüm

1) Die personenanzeigenden Endungen

Das Türkische kennt kein Hilfsverb „sein", sondern drückt es in Form von personenanzeigenden Endungen aus. Diese Endungen werden mit dem vorhergehenden Wort zusammengeschrieben und unterliegen der großen Vokalharmonie. Bei Wörtern, die mit einem Vokal enden, wird ein y eingeschoben. Die personenanzeigenden Endungen sind: -im (ich), -sin (du), - (er, sie, es), iz (wir), -siniz (ihr), -ler (sie):

hasta/y/ım	ich bin krank	ev/de/y/im	ich bin zu Hause
hasta/sın	du bist krank	ev/de/sin	du bist zu Hause
hasta	er, sie, es ist krank	ev/de	er, sie, es ist zu Hause
hasta/y/ız	wir sind krank	ev/de/y/iz	wir sind zu Hause
hasta/sınız	ihr seid krank	ev/de/siniz	ihr seid zu Hause
hasta/lar	sie sind krank	ev/de/ler	sie sind zu Hause

üzgün/üm	ich bin traurig
üzgün/sün	du bist traurig
üzgün	er, sie, es ist traurig
üzgün/üz	wir sind traurig
üzgün/sünüz	ihr seid traurig
üzgün/ler	sie sind traurig

Die *Verneinung* erfolgt durch «değil», das mit den personenanzeigenden Endungen zusammengeschrieben wird:

Alman değil/im	ich bin kein Deutscher
Alman değil/sin	du bist kein Deutscher
Alman değil	er, sie, es ist kein/e Deutsche/r
Alman değil/iz	wir sind keine Deutsche
Alman değil/siniz	ihr seid keine Deutsche
Alman değil/ler	sie sind keine Deutsche

hasta değil/siniz	ihr seid nicht krank
üzgün değil/iz	wir sind nicht traurig
evde değil/sin	du bist nicht zu Hause

Bei der *Frageform* wird die Partikel mı, mi, mü, mu (große Vokalharmonie) mit den personenanzeigenden Endungen zusammengeschrieben:

Alman mıyım?	Bin ich Deutscher?
Alman mısın?	Bist du Deutscher?
Alman mı?	Ist er, sie, es Deutsche/r?
Alman mıyız?	Sind wir Deutsche?
Alman mısınız?	Seid ihr Deutsche?
Almanlar mı?	Sind sie Deutsche?

Hasta mısınız?	Seid ihr krank?
Memnun musun?	Bist du zufrieden?
Güzel mi?	Ist er, sie, es schön?
Üzgün müyüz?	Sind wir traurig?

Kapitel 5 Bölüm

2) Personalpronomen

	1. Fall		4. Fall		3. Fall
ben	ich	beni	mich	bana	mir
sen	du	seni	dich	sana	dir
o	er, sie, es	onu	ihn, sie, es	ona	ihm, ihr, ihm
biz	wir	bizi	uns	bize	uns
siz	ihr, Sie	sizi	euch, Sie	size	euch, Ihnen
onlar	sie	onları	sie	onlara	ihnen

bende	bei mir	benden	von mir
sende	bei dir	senden	von dir
onda	bei ihm, ihr, ihm	ondan	von ihm, ihr, ihm
bizde	bei uns	bizden	von uns
sizde	bei euch, bei Ihnen	sizden	von euch, von Ihnen
onlarda	bei ihnen	onlardan	von ihnen

3) Demonstrativpronomen

Einzahl (Singular)

bu	dieser, diese	(1. Fall – Nominativ)
bunu	diesen, diese	(4. Fall – Akkusativ)
buna	diesem, dieser	(3. Fall – Dativ)
bunda	bei diesem, dieser	
bundan	von diesem, dieser	

Mehrzahl (Plural)

bunlar	diese	(1. Fall – Nominativ)
bunları	diese	(4. Fall – Akkusativ)
bunlara	diesen	(3. Fall – Dativ)
bunlarda	bei diesen	
bunlardan	von diesen	

ebenso: şu — jener, jene, jenes

4) Fragepronomen

kim	wer	(1. Fall – Nominativ)
kime	wem	(3. Fall – Dativ)
kimi	wen	(4. Fall – Akkusativ)
kimde	bei wem	
kimden	von wem	
ne	was	(1. Fall – Nominativ)
neyi	was	(4. Fall – Akkusativ)
nereye	wohin	(3. Fall – Dativ und Angabe der Richtung)
nerede	wo	(Angabe des Ortes)
nereden	woher	

Kapitel 5 Bölüm

Übung 1
Lesen Sie!

Ali adresi soruyor. Ali adresi soruyor mu?

Hasan mektup yazıyor. Hasan mektup yazıyor mu?

Nerede oturuyorsun? Ne okuyorsun? Kime soruyorsun?

Ne yapmak istiyorsun? Türkiye'ye gidiyor muyuz?

Türkiye'ye mi gidiyoruz? Otel küçük mü? Ayla hasta mı?

Nereden geliyorsunuz?

Übung 2
Setzen Sie die richtige Endung ein (Dativ oder Akkusativ)! Denken Sie daran, daß eine Endung nur dann angehängt wird, wenn es sich um einen bestimmten Gegenstand oder eine bestimmte Person handelt!

1) Öğrenciler öğretmen_____ dinliyor.
2) Tahta_____ sil!
3) Ayşe_____ bu çiçekler_____ ver!
4) Kapı_____ kapat!
5) Erol_____ sor!
6) _____ (ben) bu kitap_____ ödünç ver!
7) _____ (ben) bak!
8) Araba_____ istiyorum.
9) Kırmızı bir araba_____ alıyorum.
10) Bu araba_____ al!
11) _____ (onlar) teşekkür ediyor musunuz?
12) Kahve_____ içiyor musunuz?
13) Kahve_____ nasıl içiyorsunuz?

| Kapitel | 5 | Bölüm |

14) Kahve_____ şekerli içiyorum.

15) Zeynep_____ (biz) yardım ediyor.

16) Öğretmen öğrenciler_____ yardım ediyor.

17) Pencere_____ aç!

18) Şu kadın_____ görüyor musun?

19) Selma Azime_____ adres_____ soruyor.

20) Mektup_____ hemen gönder!

21) Kim_____ arıyorsun?

22) Nurcan_____ arıyorum.

23) Kitap_____ okuyor musun?

24) Bu kitap_____ okumak istiyorum.

Übung 3

1) Fragen Sie Ihren türkischen Bekannten, wohin er geht!

2) Fragen Sie ihn, wem er den Brief schickt!

3) Fragen Sie ihn, wo er arbeitet!

4) Fragen Sie ihn, ob er verheiratet ist!

5) Fragen Sie, ob Ayşe zu Hause ist!

6) Antworten Sie auf die Frage, ob Sie müde sind, mit nein!

7) Sagen Sie, daß Sie krank sind!

8) Sagen Sie, daß Sie und Ihre Familie zufrieden sind!

9) Sagen Sie, daß es Ihnen leider nicht gut geht!

10) Fragen Sie ihn, ob er Ihnen und Ihrer Familie hilft!

11) Fragen Sie ihn, ob er Mersin kennt!

Übung 4

Suchen Sie zu den Antworten die passenden Fragen!

1) _____ ? Evet, bugün evdeyim.
   _____ ?
2) _____ ? İstanbul'da oturuyorum.
3) _____ ? Hayır, yorgun değiliz.
4) _____ ? Ali'yi çağırıyor.
5) Zafer _____ ? Hayır, beni tanımıyor.
6) _____ ? Ayla'ya gidiyorum.
7) _____ ? Evet, bu yemekleri çok beğeniyorum.
   _____ ?
8) _____ ? Üç gün buradayız.
9) _____ ? Bodrum'dan geliyorlar.
10) _____ ? Ayşe'den bahsediyoruz.
11) _____ ? Aksine, otel çok temiz.
12) _____ ? 40 yaşındayım.
13) _____ ? Evet, çok rahatım.
14) _____ ? Hayır, gelmiyoruz. Çok yorgunuz.

Übung 5

Im folgenden hören Sie zwei Gespräche. Schauen Sie sich die Vokabeln an, hören Sie jedes Gespräch 2–3mal und beantworten Sie dann die Fragen!

(Denken Sie daran: Sie brauchen nicht jedes Wort zu verstehen.)

1) a) Çocuk yorgun mu?
   b) Ne yapmak istiyor?
   c) Saat kaç?
   d) Yarın kaçta kalkıyor?
   e) Yarın kaç ders var?
   f) Niçin az ders var?

2) a) Ayşe kaç yaşında?
   b) Çalışıyor mu?
   c) Ne yapıyor?
   d) İzmir'de mi oturuyor?
   e) Evli mi?
   f) Kimde oturuyor?
   g) Niçin evlenmek istemiyor şu anda?

Kapitel 5 Bölüm

Übung 6
Lesen Sie den Text und beantworten Sie die Fragen!

Küçük çocuk babasına soruyor: Baba, insanlar niçin çalışıyor? Babası: Ekmek parası için. – Peki, öyleyse fırıncılar niçin çalışıyor?

Öğretmen, sınıfta: Yazın. Bakkala gidiyorsunuz: 5 liraya bir paket tuz, 3 liraya bir limon, 20 liralık da peynir alıyorsunuz. Bakkala kaç lira veriyorsunuz? Biraz sonra Ali'nin dışında herkes parmağını kaldırıyor. Öğretmen Ali'ye: Sen niçin parmağını kaldırmıyorsun? Ali: Benim babam bakkaldır. Biz böyle şeylere para vermiyoruz.

1) a) Küçük çocuk babasına ne soruyor?
   b) Baba nasıl bir yanıt veriyor?
   c) Sonunda çocuk ne soruyor?

2) a) Öğretmen ne soruyor?
   b) Ali niçin parmağını kaldırmıyor?

Zwei türkische Sprichwörter

Bilmemek ayıp değil, sormamak ayıp.
Yangına körükle gitmek.

Schauen Sie sich die unbekannten Vokabeln an und überlegen Sie dann, was mit den Sprichwörtern gemeint sein kann!

Die Lösungen finden Sie im Lösungsteil.

Übung 7
Beschreiben Sie Güls Weg!

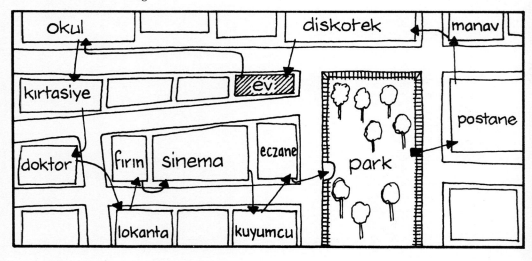

Gül evden okula gidiyor. Okul_____ . . . .

Übung 8

Formulieren Sie mit einem KT Fragen für ein Interview! Interviewen Sie einen anderen KT und notieren Sie die Antworten! Berichten Sie Ihrem Kurs über diesen KT (er heißt ... er wohnt ...)!

_Adınız ne_____	? (Name)
_____	? (Wohnort)
_____	? (Alter)
_____	? (Arbeit)
_____	? (mag er türkisches Essen?)
_____	? (was trinkt er?)
_____	? (was ißt er?)
_____	? (wohin fährt er im Urlaub?)
_____	? (um wieviel Uhr steht er auf?)
_____	? (guckt er Fernsehen?)
_____	? (was liest er?)
_____	? (ist er verheiratet?)
_____	? (ist er glücklich?)
_____	? (ist er traurig?)
_____	? (gefällt ihm die Türkei?)
_____	? (warum lernt er Türkisch?)
_____	? (aus welcher Stadt kommt er?)
_____	? (raucht er?)

Sie können sich natürlich noch zusätzliche Fragen überlegen.

Übung 9

Setzen Sie die in Klammern stehenden Wörter in die richtige Form!

1) _____ soruyorsunuz? (kim)
2) _____ çok beğeniyorum. (bu)
3) _____ çok teşekkür ediyoruz. (siz)
4) Evet, _____ görüyorum. (o)
5) _____ anlat! (biz)
6) _____ çok güzel bir şey hediye ediyor. (ben)
7) _____ _____ ödünç veriyor musunuz? (bu, onlar)
8) _____ telefon ediyorum. (sen)

| Kapitel | 5 | Bölüm |

9) _____ tanıyor musunuz. (onlar)
10) _____ bir şeyi rica ediyor. (ben)
11) _____ korkuyorum. (o)
12) _____ yardım edin! (biz)
13) _____ törpüle! (su)
14) _____ giyin! (bu)
15) _____ tanıyor. (ben)
16) _____ bir mektup yazıyor. (biz)
17) _____ şehri gösteriyor. (onlar)
18) _____ geliyor. (biz)
19) _____ duyuyorum. (sen)
20) _____ arıyoruz. (onlar)
21) _____ arıyorsunuz? (kim)
22) _____ yıkıyor musunuz? (onlar)
23) _____ postala! (bu)
24) _____ gel! (biz)

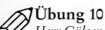
Übung 10

Herr Gülcan hat im Lotto gewonnen und macht eine Weltreise. Beschreiben Sie den Reiseweg!

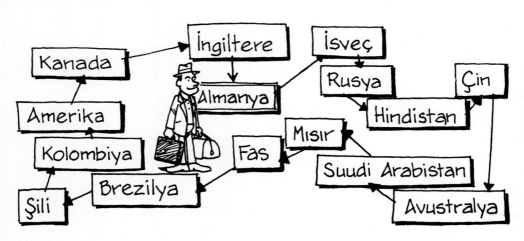

Bay Gülcan Almanya'dan İsveç'e gidiyor. İsveç _____ . . . .

Vor seiner Reise erzählt Herr Gülcan, welche Städte er sehen will:

Bonn'u görmek istiyorum.

| Kapitel | 5 | Bölüm |

Stokholm
Moskova
Yeni Delhi
Pekin
Sidney
Riad
Kahire
Rabbat
Brezilya
Santiago
Bogota
Vaşington
Ottava
Londra

Siz hangi ülkeye gitmek istiyorsunuz?
Hangi şehirleri görmek istiyorsunuz?
Niçin?

Übung 11
Nennen Sie das Gegenteil!

açmak   bitirmek   fazla   yanlış   genç   eski   kolay   küçük   çalışkan   aptal   yanıt   vermek   evli   kısa   pahalı   yakın   acı   getirmek   hızlı   aramak   sabah   yatmak   almak   temiz

Übung 12
Setzen Sie ein!

1) Hasta _____? Hayır, hasta değiliz.

2) Yorgun musun? Hayır, yorgun _____.

3) Çocuk yaramaz _____? Evet, çocuk yaramaz.

4) Nerede çalışıyorsunuz? Öğretmen _____.

5) (Sen) mühendis _____.

6) (Siz) iyi _____? Evet, (biz) _____.

7) Öğrenciler çok çalışkan _____.

Kapitel 5 Bölüm

8) (Ben) mutlu _____. Yarın tatil.

9) (Sen) bekâr _____.

10) Hava çok güzel _____. (Biz) memnun _____.

11) (Onlar) evde değil _____.

12) Havalar güzel _____.

13) (Siz) 32 yaşında _____.

14) Büroda çalışmıyorum. Sekreter _____.

15) (Siz) yarın akşam evde _____? Hayır, evde _____.

16) Çocuklar içerde _____? Hayır, içerde _____.

17) (Onlar) üzgün _____? Hayır, üzgün _____.

18) (Sen) memnun değil _____. Neyin var?

19) (Biz) hasta _____.

20) (Siz) üzgün _____? Hayır, mutlu _____.

Übung 13

Sie fahren in Urlaub und packen Ihren Koffer. Ein KT sagt, was er mitnimmt (z. B. mantoyu getiriyorum), ein zweiter muß dann das Wort wiederholen und ein weiteres hinzufügen (mantoyu, sigaraları getiriyorum) usw. Wer eine falsche Endung benutzt oder falsch wiederholt, scheidet aus. Schreiben Sie dann anschließend Ihren Satz an die Tafel!

Übung 14

Bilden Sie so viele Sätze wie möglich!

| Kapitel | 5 | Bölüm |

Übung 15
Schreiben Sie Ihrem türkischen Bekannten einen Urlaubsgruß aus Istanbul!

Sevgili . . .

. . . .

                                                                     Hepimizden selam ve sevgiler

                                                                     . . . .

Sie schreiben aus . . . Ihnen gefällt die Stadt (. . . nicht). Das Hotel, Essen sind . . . Den ganzen Tag laufen Sie herum. Heute abend gehen Sie in ein Fischrestaurant, morgen zum Topkapı. Sie wollen einen Teppich kaufen. Sie fragen Ihren Bekannten, ob er kommen will! Sie bleiben noch 5 Tage. Fragen Sie Ihren Bekannten, wie es ihm geht! Ihnen geht es gut, und Sie sind zufrieden.

Kapitel 5 Bölüm

Vokabeln

şekerli	mit Zucker
silmek	wegwischen, ausradieren
çiçek	Blume
hemen	sofort
neyin var?	was hast du? was ist mit dir los?
manav	Gemüse- und Obstgeschäft
fırın	Bäckerei
kuyumcu	Juwelier
kırtasiye	Schreibwarengeschäft

Lesetext

için	für
para	Geld
peki	nun
öyleyse	wenn es so ist
fırıncı	Bäcker
Ali'nin dışında	außer Ali
parmak	Finger
kaldırmak	heben
böyle	solche
herkes	jeder

Hörverständnisübung

niçin	warum
az	wenig
dikkat etmek	aufpassen
kardeş	Bruder, Schwester
birlikte	zusammen

Sprichwörter

yangın	Feuer
körükle	mit einem Blasebalg

Brief

balık lokantası	Fischrestaurant
halı	Teppich
gezmek	herumlaufen, spazierengehen

Kapitel 6 Bölüm

1) Geniş Zaman

a) Verwendung

Während die *-yor-Gegenwart* Handlungen ausdrückt, die gerade geschehen, wird das *Geniş Zaman* gebraucht,

– um allgemeingültige Aussagen zu machen, z. B. in Geographie-, Biologie- und Physikbüchern
– um kurze Anekdoten zu erzählen
– um regelmäßige Handlungen und Gewohnheiten zu beschreiben:
  sigara içiyor = er raucht (gerade)
  sigara içer = er raucht (regelmäßig)
– um eine Möglichkeit, Wahrscheinlichkeit, Vermutung oder Hoffnung auszudrücken:
  Ali gelir = Ali kommt (es ist nicht sicher, daß er kommt)
– um höfliche Aussagen zu machen oder höfliche Fragen zu stellen:
  Kahve içer misiniz? = Würden Sie gern einen Kaffee trinken?
  Bir kahve içerim = Ich würde gern einen Kaffee trinken.

b) Bildung

An Verbstämme, die mit einem Konsonanten enden, werden ein Bindevokal, ein *r* und dann entsprechend der großen Vokalharmonie die folgenden Endungen angehängt:

– im
– sin
– –
– iz
– siniz
– ler

An Verbstämme, die mit einem Vokal enden, werden nur *r* und die eben genannten Endungen angehängt.

Der Bindevokal ist relativ unregelmäßig. Als allgemein gültige Regeln können Sie sich merken:

– daß der Bindevokal bei mehrsilbigen Verbstämmen stets der großen Vokalharmonie unterliegt:

  getirmek   getir/i/r
  götürmek   götür/ü/r

– daß der Bindevokal bei einsilbigen Verbstämmen der kleinen Vokalharmonie unterliegt:

  açmak   aç/a/r
  sevmek   sev/e/r
  koşmak   koş/a/r

– daß der Bindevokal bei Verbstämmen, die auf *l* und *r* enden, meistens (auch bei einsilbigen Verben) der großen Vokalharmonie unterliegt:

olmak	ol/u/r
durmak	dur/u/r
vermek	ver/i/r

Ausnahmen:
gülmek	gül/e/r
sormak	sor/a/r

Bei den Verben *gitmek* und *etmek* wird das *t* am Verbstamm weich: *gider, eder*.

Bei der **Verneinung** werden an den Verbstamm als Zeichen der Verneinung die Partikel *me* bzw. *ma* (kleine Vokalharmonie) und dann die folgenden Endungen angehängt:

- m
- zsin
- z
- yız
- zsiniz
- zler

olmak	ol/ma/z	okumak	oku/ma/z
gülmek	gül/me/z	kalmak	kal/ma/z

Bei der **Fragestellung** werden die Form der dritten Person (alır, getirir, okur bzw. alırlar, getirirler, okurlar) und entsprechend der großen Vokalharmonie folgende Fragewörter benutzt:

gelir	miyim	gelir	miyiz
gelir	misin	gelir	misiniz
gelir	mi	gelirler	mi

2) ile, siz

Das Verhältniswort *ile* wird dem Bezugswort nachgestellt. Das Bezugswort bleibt unverändert:

arkadaş ile = mit dem Freund
tren ile = mit dem Zug

Das Verhältniswort *ile* wird jedoch meistens direkt an das Bezugswort angehängt, wobei dann das *i* ausfällt und die Endung der großen Vokalharmonie unterliegt:

uçakla = mit dem Flugzeug	limonlu	= mit Zitrone
trenle = mit dem Zug	sütlü	= mit Milch

Endet das Bezugswort mit einem Vokal, wird ein *y* eingeschoben:

gemiyle = mit dem Schiff
teyzeyle = mit der Tante

Das Verhältniswort *siz* wird direkt an das Bezugswort angehängt und unterliegt der großen Vokalharmonie:

işsiz = arbeitslos (ohne Arbeit)
parasız = kostenlos (ohne Geld)
sütsüz = ohne Milch

| Kapitel | 6 | Bölüm |

Übung 1
Lesen Sie!

1. Yağmur Çağla Doğru Bağdaş Çağdaş Sağlam Toğrul Çağ
   Çığ Tuğ Baştuğ Doğan Uğur Oğuz Boğa Doğu
2) Okyay Öktem Özkan Okkan Önel Ören
   Oruç Özcan Ozan Özçiftçi Özenç Ömer
3) Efken Avni Derviş Yavuz Saffet Fuat
   Afşar Şevket Rıfkı Tayfun Sevinç Heval

Übung 2
Bilden Sie durch Anhängen einer Endung ein neues Wort und übersetzen Sie es ins Deutsche!

olanak	= Möglichkeit		his	= Gefühl
anlayış	= Verständnis		suç	= Schuld
tehlike	= Gefahr		yağ	= Fett
kaygı	= Kummer, Unruhe		can	= Seele
akıl	= Verstand		sabır	= Geduld
rüzgâr	= Wind		tuz	= Salz

Kapitel 6 Bölüm

Übung 3
Etwas zum Tüfteln! Ob Sie die fehlenden Buchstaben finden?

MARUL
```
_
_
N _ _ _ K
        A
        L
        I
        N
```

LOKANTA
```
_
_
L _ _ _ _ N
          A
          S
          I
          L
```

KAÇ
```
_
_
_
K _ _ İ
      Y
      İ
```

BAHÇE
```
_
İ _ _ İ
      Ç
      M
      E
      K
```

YIKAMAK
```
_
_
T _ _ P
      İ
      K
      A
      P
```

İÇKİ
```
_
_
_
_
K _ _ _ K
        _
        LİMON
```

ACELE
```
_
_
N _ _ _ _ A
          _
          _
          KALKMAK
```

YAŞ
```
_
_
_
P _ S
    U
    L
    A
    M
    A
    K
```

| Kapitel | 6 | Bölüm |

Übung 4
Setzen Sie die fehlenden Verbformen ein!

1) Perşembe günü beni sinemaya _____ ?
   (götürmek, sen)

   Hayır, seni _____, işim var.
   (götürmek, ben)

2) Kahve _____ ?
   (içmek, siz)

   Evet, kahve _____ .
   (içmek, ben)

3) Yarın akşam sekizde bize _____ ?
   (gelmek, sen)

4) Ben sigara _____ ama, şimdi bir tane
   (kullanmamak)

   _____ .
   (içmek)

5) Öğrenciler belki bugün dersten sonra sinemaya _____ .
   (gitmek)

6) Nasıl filmler _____ ?
   (seyretmek, sen)

   Polisiye filmleri _____ .
   (sevmek, ben)

7) Nasıl müzik tercih _____ ?
   (etmek, siz)

   Modern müzik _____ .
   (dinlemek, ben)

8) Erol belki yazın yeni araba _____ .
   (almak)

9) Türkçe _____ ?
   (bilmek, siz)

10) Bana _____ ?
    (inanmak, siz)

| Kapitel | 6 | Bölüm |

Übung 5
Onlar her gün ne yapar?

Kapitel 6 **Bölüm**

Kapitel	6	Bölüm

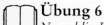

Übung 6
Nasreddin Hoca'nın Yüzüğü

Nasreddin Hoca bir gün yüzüğünü yitirir. Yüzüğünü aramak için sokağa çıkar. Karısı pencereden bakar ve Hoca'ya der: «Ne arıyorsun, Hoca?» Hoca şöyle yanıt verir: «Yüzüğümü yitirdim, onu bulmaya çalışıyorum.»

Karısı: «Yüzüğünü nerede yitirdin?»
Hoca: «Yüzüğümü evde yitirdim.»
Karısı: «O zaman onu niçin evde aramıyorsun da sokakta arıyorsun?»
Hoca: «Sokakta aydınlık var, evde ise karanlık.»

1. Suchen Sie die Formen des Geniş zaman heraus und übersetzen Sie sie!
2. Suchen Sie die unbekannten Wörter heraus und schlagen Sie sie im Vokabelverzeichnis dieses Kapitels nach! Lesen Sie sie mehrmals durch!
3. Lesen Sie das Stück einige Male, bis Sie den Sinn erfaßt haben und beantworten Sie dann folgende Fragen:
   a) Nasreddin Hoca ne yitirir?
   b) Nerede arar?
   c) Karısı neden şaşırır?
   d) Nasreddin Hoca neden sokakta arar?

Übung 7
Versuchen Sie herauszufinden, was diese türkischen Sprichwörter bedeuten! Die unbekannten Vokabeln finden Sie im Vokabelverzeichnis dieses Kapitels.

1. Ağır kazan geç kaynar.   2. Hatasız kul olmaz.

Was bedeuten wohl diese Redewendungen?

ağzı süt kokmak   kusura bakmayın
gizli kapaklı   can kulağıyla dinlemek

Übung 8
Beantworten Sie die Fragen!

Benutzen Sie die folgenden Ausdrücke:

> televizyon seyretmek, gazete okumak, sinemaya gitmek, tiyatroya gitmek,
> bisiklete binmek, seyahat etmek, Türkçe öğrenmek, spor yapmak, örgü örmek,
> dikiş dikmek, saz çalmak, polisiye filmleri seyretmek, dizi filmleri seyretmek,
> korku filmlerini seyretmek, roman okumak, şiir kitapları okumak, masal kitaplarını okumak,
> klasik müzik dinlemek, modern müzik dinlemek, arabesk dinlemek,
> arkadaşları ziyaret etmek, dans etmek, arabayı yıkamak

z. B.: Arabayı yıkamam. Arkadaşları ziyaret ederim.

1. Boş zamanınızda ne yaparsınız (ne yapmazsınız)?
2. Nasıl filmler seyredersiniz?
3. Nasıl kitaplar okursunuz?
4. Ne müziği tercih edersiniz?

Kapitel 6 Bölüm

Übung 9

Stellen Sie Ihrem Kurspartner die Fragen aus der Übung 8, schreiben Sie seine Antworten auf und stellen Sie die Ergebnisse des Interviews dem Kurs vor! Benutzen Sie die Wörter sık sık (oft) und bazen (manchmal)!

1. Bazen sinemaya giderim . . . dinlerim . . .
2. Heinz Müller boş zamanında bazen sinemaya gider . . . dinler . . .

Übung 10

1. Fragen Sie Ihren Freund, wie er seinen Kaffee trinkt!

2. Sagen Sie, daß Sie Kaffee mit Milch und Zucker trinken!

3. Sagen Sie, daß Sie gewöhnlich abends spät zu Bett gehen.

4. Sagen Sie, daß Sie klassische Musik lieben.

5. Sagen Sie, daß Sie und Ihre Freunde gewöhnlich sonntags ins Kino gehen.

6. Fragen Sie Ihren Bekannten, welche Filme er bevorzugt!

7. Fragen Sie Ihren Bekannten, ob er raucht!

8. Fragen Sie Ihren Bekannten, ob er wohl 10 Minuten warten würde!

9. Sagen Sie Ihrem Bekannten, daß Sie kein Englisch (İngilizce) sprechen!

10. Sagen Sie Ihrem Bekannten, daß Sie möglicherweise morgen spät kommen!

11. Sagen Sie, daß Sie Pizza nicht mögen!

12. Ihr Bekannter fragt Sie, ob Sie einen Kaffee möchten. Antworten Sie!

| Kapitel | 6 | Bölüm |

Übung 11

Sie sind bei Ihren türkischen Freunden zu Besuch. Schreiben Sie das Gespräch auf! Folgende Stichworte sollen Ihnen dabei helfen:

Begrüßung, Fragen nach dem Befinden, Sie werden gefragt, was Sie trinken und essen wollen, stellen Sie Fragen wie in Übung 8, Sie werden gefragt, ob Sie morgen kommen, Wetter, Verabschiedung.

Spielen Sie die Szene in Ihrem Kurs!

Übung 12

Setzen Sie die Form der yor-Gegenwart oder des Geniş zaman ein!

1. Annegret her gün Türk yemeği _____. (yemek)
2. Ne yapıyorsun? – Televizyon _____. (seyretmek)
3. Ben asla televizyon _____ (seyretmek), sinemayı _____. (tercih etmek)
4. Biz şimdi eve _____ (gitmek) ama, sonra belki size _____. (uğramak)
5. Hasan her gün işe _____ (gitmek) ama, bugün evde _____. (kalmak)
6. Çocuklar her gün top _____ (oynamak) ama, bugün evde müzik _____ (dinlemek). Hava iyi değil.
7. Biz bugün her halde Bonn'a _____ (gitmek).
8. Hastayım. Yatakta _____. (kalmak)
9. Biz yarın belki size _____. (uğramak)
10. Çay _____? (içmek, siz)

Übung 13

Şadiye her sabah saat yedide kalkar, hemen mutfağa gider ve kahvaltı hazırlar. Kocasıyla beraber kahvaltı ederler, sonra arabayla işe giderler. Şadiye sekreter olarak çalışıyor, kocası öğretmen. Öğleyin bir büfede öğlen yemeği yerler. Öğleden sonra saat dörde kadar çalışırlar, sonra eve dönerler. Akşam yemeği yerler ve televizyon seyrederler. Bazen klasik müzik dinlerler veya arkadaşları ziyaret ederler. Genellikle erken yatarlar.

Stellen Sie Şadiye und ihrem Mann Fragen zu ihrem Tagesablauf!
Z. B.: İşe nasıl gidersiniz? Kahvaltıyı kim hazırlar?

| Kapitel | 6 | Bölüm |

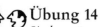

Übung 14
Siz her gün ne yaparsınız?

Beschreiben Sie Ihren Tagesablauf!

Übung 15
Hören Sie jedes der drei Gespräche mehrmals und beantworten Sie die Fragen!

1. Mehmet ve Ümmü Sonja'yı tanıyor mu?
   Ne içiyorlar?
   İnge kahveyi nasıl içiyor?
   İnge ne müziği seviyor?
   Mehmet sinemaya gitmek istiyor mu?
   Neden?
   Ümmü gitmek istiyor mu?
   Film kaçta başlıyor?
   Mehmet ne filmi sever?

2. Erol boş zamanında ne yapar?
   Nasıl filmler seyreder?
   Nasıl kitaplar okur?
   Ne müziği tercih eder?

3. Ayşe boş zamanında ne yapar?
   Ne müziği tercih eder?
   Nasıl kitaplar okur?
   Nasıl filmler seyreder?

Vokabeln

perşembe	Donnerstag
işim var	ich habe zu tun
yarın akşam	morgen abend
sigara kullanmak	rauchen
polisiye filmleri	Kriminalfilme
tercih etmek	bevorzugen
belki	vielleicht
yazın	im Sommer
ağır	schwer
kazan	Kessel
geç	spät
kaynamak	kochen
ağız	Mund
gizli	heimlich
kapak	Deckel
kusur	Fehler
can	Geist, Herz, Seele
kulak	Ohr
televizyon seyretmek	fernsehen
boş zaman	Freizeit
tiyatro	Theater
bisiklete binmek	Fahrrad fahren
seyahat etmek	reisen
spor yapmak	Sport treiben
örgü örmek	stricken
dikiş dikmek	nähen
saz çalmak	Saz spielen

Kapitel 6 Bölüm

dizi filmleri	Serienfilme
korku filmleri	Gruselfilme
şiir	Gedicht
masal	Märchen
ziyaret etmek (-i)	besuchen
dans etmek	tanzen
yıkamak	waschen
asla	absolut nicht
sonra	später
top oynamak	Ball spielen
ama	aber
sonra	später
iş	Arbeit
her halde	sicherlich
her gün	jeden Tag
yatak	Bett
uğramak (-e)	vorbeigehen, kurz besuchen

Lesetext 1

yüzük	Ring
yitirmek	verlieren
aramak	suchen
karısı	seine Frau
yitirdim	ich habe verloren
aydınlık	Helligkeit
karanlık	Dunkelheit
şaşırmak	staunen, sich wundern

Lesetext 2

her sabah	jeden Morgen
kalkmak	aufstehen
hemen	sofort
kahvaltı hazırlamak	Frühstück zubereiten
koca	Ehemann
beraber	zusammen
olarak	als
öğleyin	mittags
büfe	Imbißstube
öğlen yemeği	Mittagessen
öğleden sonra	nachmittags
kadar	bis
veya	oder
genellikle	gewöhnlich
erken	früh
yatmak	ins Bett gehen

Kapitel 7 Bölüm

1) Die Wunschform (Optativ)

a) Verwendung

Diese Form kann eine spontane Entscheidung oder Absicht (Wir wollen mal Ayşe besuchen! *Ayşe'ye uğrayalım!*), eine Aufforderung (Laßt uns nach Hause gehen! *Eve gidelim!*) oder Befehle oder Wünsche mit „*sollen*" (Sollen wir nach Hause gehen? *Eve gidelim mi?*) ausdrücken.

b) Bildung

Die 1. Person Singular und Plural unterliegt der kleinen Vokalharmonie. An den Verbstamm werden die Endungen *-eyim* bzw. *-ayım* für die 1. Person Singular und *-elim* bzw. *-alım* für die 1. Person Plural angehängt:

almak	al/ayım	al/alım
	(ich will/soll nehmen)	(wir wollen/sollen nehmen)
gelmek	gel/eyim	gel/elim

Endet der Verbstamm mit einem Vokal, wird ein *y* eingeschoben:

| okumak | oku/y/ayım | oku/y/alım |

Bei «*demek*» (sagen, nennen heißen) und «*yemek*» wird das *e* am Verbstamm zu *i*:

di/y/eyim   di/y/elim
yi/y/eyim   yi/y/elim

Bei den Verben «*gitmek*» und «*etmek*» wird das *t* am Verbstamm weich:

gid/eyim   gid/elim

Bei der *Frageform* wird das Fragewörtchen *mi* bzw. *mı* der Wunschkonstruktion nachgestellt:

Yap/ayım **mı**?   Soll ich machen?
Gid/elim **mi**?   Wollen/sollen wir gehen?

Bei der *Verneinung* wird die Verneinungsendung *-me/ma* zwischen Verbstamm und Wunschformendung eingeschoben:

Konuş/**ma**/y/alım!   Sprechen wir nicht!
Git/**me**/y/elim mi?   Sollen wir nicht gehen?

2) Angabe des Datums

Es gibt zwei Möglichkeiten, das Datum anzugeben. Einmal wird die Angabe des Tages der Angabe des Monats vorangestellt:

Bugün ayın kaçı?	Den wievielten haben wir heute?
On dört Ağustos.	Den 14. August.
Ali ne zaman Türkiye'ye gidecek?	Wann fährt Ali in die Türkei?
On dört Ağustos'ta.	Am 14. August.

Kapitel 7 Bölüm

Für die Datumsangabe mit „am" werden im Türkischen an den Monatsnamen die Endungen -de bzw. -da gehängt. Endet der Monatsname mit einem harten Konsonanten (siehe 1. Kap.), werden die Endungen -te bzw. -ta angehängt.

In der Umgangssprache häufiger ist die Möglichkeit, die Angabe des Tages anzuhängen:

Bugün ayın kaçı? Ağustos'un on dördü.   (der 14. August)

Es werden entsprechend der großen Vokalharmonie an den Monatsnamen die Endungen -in, -ın, -un, -ün gehängt.

Die Zahlen erhalten die Endung des 4. Falles (Akkusativ).

Ali ne zaman Türkiye'ye gidecek? Ağustos'un on dördünde.   (Am 14. August.)

Der Monatsname erhält die Endungen -in, ın, -un, -ün, die Zahlen die Endung des 4. Falles und zusätzlich die Endungen -de bzw. -da (kleine Vokalharmonie). Zwischen die Endung des 4. Falles und der Endung -de/-da wird ein n eingeschoben.

| Kapitel | 7 | Bölüm |

Übung 1
Lesen Sie!

dönmeyelim   gitmeyelim   yazmayalım   konuşmayalım
uğrayalım   isteyeyim   gülmeyeyim   almayayım
oturmayalım   koşmayalım   yapmayalım   binmeyelim

(Achtung: Verbstämme, die mit einem *e* bzw. *a* enden, werden in der Wunschform *i* bzw. *ı* gesprochen.)

Übung 2
Cemal Gündüz ist ein vielbeschäftigter Geschäftsmann. Schreiben Sie auf, wohin er im Laufe dieses Jahres fährt!

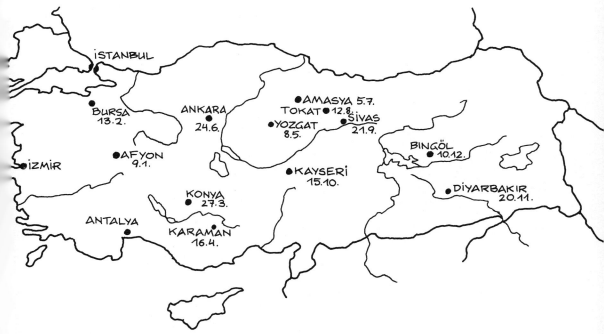

z. B. Cemal Gündüz Ocak'ın beşinde Sinop'a gidiyor.

Schauen Sie im Kalender nach, um welche Wochentage es sich handelt und schreiben Sie sie in Klammern dahinter!

Kapitel 7 Bölüm

Übung 3
Setzen Sie die richtigen Endungen ein!

1. Filiz kırmızı elbise _____ giyiniyor.
2. Mektuplar _____ yarın yazarım.
3. Çay _____ şekerli istiyorum.
4. Biz arkadaşlar _____ bekliyoruz.
5. Televizyon _____ kapatır mısın?
6. Yarın biz _____ gelir misin?
7. Ayşe _____ bu çiçekler _____ ver!
8. Öğrenciler öğretmen _____ dinliyor.
9. Sigara _____ neden bırakmıyorsun?
10. Ahmet pencere _____ kapatıyor, kapı _____ açıyor.
11. Öğretmen çocuk _____ bir kitap _____ veriyor.
12. Metin Bey büro _____ gazete _____ okuyor.

Übung 4
Es ist Sonntag. Sie sind bei Ihren türkischen Freunden. Machen Sie ihnen Vorschläge, wie Sie den Nachmittag verbringen können!

1. Sinemaya gidelim mi?
2. _____ (tavla oynamak)
3. _____ (televizyon seyretmek)
4. _____ (Yılmazlara uğramak)
5. _____ (parkta dolaşmak)
6. _____ (lokantada yemek yemek)
7. _____ (çarşıda gezmek)
8. _____ (örgü örmek)
9. _____ (çay içmek)
10. _____ (Yılmazlara telefon etmek)

Ihre Vorschläge werden alle zurückgewiesen:

1. Hayır, sinemaya gitmeyelim.
2. _____
3. _____

Kapitel   **7**   **Bölüm**

4. _____
5. _____
6. _____
7. _____
8. _____
9. _____
10. _____

Übung 5

1. Fragen Sie Ihren Bekannten, ob er mit Ihnen einen Bummel durch den Basar macht!

2. Fragen Sie Ihren Bekannten, ob Sie in die Türkei fahren sollen!

3. Fragen Sie Ihren Bekannten, wann er nach Antalya fährt!

4. Sie sagen Ihrem Bekannten, daß Sie am 14. Juli ins Theater gehen.

5. Sagen Sie Ihrem Bekannten, daß Sie sich um 7 Uhr treffen wollen!

6. Schlagen Sie Ihrem Bekannten vor, nachmittags ins Kino zu gehen!

7. Fragen Sie, wann die Nachrichten anfangen!

8. Fragen Sie Ihren Bekannten, wann Sevdat von seiner Reise zurückkommt!

9. Fragen Sie nach dem Datum!

10. Fragen Sie Ihren Bekannten, ob er dieses Jahr verreist!

11. Sagen Sie, daß Sie Mittwoch um 4 Uhr kommen!

12. Sagen Sie Ihren Bekannten, daß Sie keinen Kuchen essen wollen (2 Möglichkeiten)!

Kapitel 7 **Bölüm**

Übung 6
Her gün ne yapar?

_____ _____ _____
_____ _____ _____

_____ _____ _____
_____ _____ _____

_____ _____ _____
_____ _____ _____

| Kapitel | 7 | Bölüm |

_____ _____ _____
_____ _____ _____

Übung 7
Beschreiben Sie Ihren Tagesablauf mit Angabe der Uhrzeit!

_____
_____
_____
_____

Fragen Sie Ihren Kursnachbarn, wann er aufsteht, frühstückt, usw. und erzählen Sie es dann dem Kurs!

z. B. Peter saat yedide kalkar . . .

Übung 8
Jülide ist schlecht gelaunt und kann sich nicht entscheiden, irgend etwas zu tun:

Kahvaltı yapayım mı, yapmayayım mı?

_____   (sinemaya gitmek)
_____   (film seyretmek)
_____   (bahçede oturmak)
_____   (çay içmek)
_____   (arkadaşlara uğramak)
_____   (dikiş dikmek)
_____   (alış veriş yapmak)
_____   (kırmızı eteği giymek)
_____   (ev ödevi başlamak)
_____   (evden çıkmak)

Kapitel 7 Bölüm

Übung 9
Finden Sie die fehlenden Buchstaben!

| B | E | R | A | B | E | R |

| | M | K |

| | | | L |

| | | M |

| R | | S |

| | | | K |

| Y | O | L | C | U | L | U | K |

| | | K | | N | | K |

| | M | M |

| I |

| | | İ | | K |

| | | | | R | er schaut zu
| | | | | R | ihr steht auf
| | | | | R | du gehst
| | | | | R | ich möchte
| | | | | R | wir kennen
| | | | | R | ich höre zu
| | | | | R | ihr sucht
| | | | | R | du liebst
| | | | | R | sie ziehen sich an
| | | | | R | es zerbricht

| | M | | Z | sie kehren nicht zurück
| | M | | Z | ihr macht nicht
| | M | | Z | du bist nicht traurig
| | M | | Z | er öffnet nicht
| | M | | Z | ihr eßt nicht
| | M | | Z | sie nehmen nicht
| | M | | Z | sie trinken nicht
| | M | | Z | er fragt nicht
| | M | | Z | sie spielen nicht
| | M | | Z | er kommt nicht

90

Übung 10
Lesetext

Komşunun Kazanı

Nasreddin Hoca bir gün komşusundan bir kazan ödünç alır.
Ertesi gün Hoca kazanı komşuya götürür. Hoca kazanla birlikte bir de tencere götürür.
Komşusu şaşırır: «Bu tencere niye?»
Hoca: «Kazanın doğurdu. Tencere kazanın yavrusu.»
Komşu sevinç duyar. Tencere ile kazanı alır.
Üç gün sonra Hoca gene komşusundan kazanı ödünç alır.
Hoca kazanı geri götürmez. Komşusu kazanı almak için Hoca'nın evine gelir.
Hoca: «Kazanın öldü» der.
Komşusu şaşkın: «Kazan ölür mü hiç, Hoca Efendi?»
Hoca güler: «Kazanın doğurdu, buna inandın, kazan öldü, buna niçin inanmıyorsun?» der.

Lesen Sie den Text einmal durch, suchen Sie die Formen des Geniş Zaman heraus, übersetzen Sie sie mit Hilfe des Vokabelverzeichnisses, lesen Sie den Text mehrmals und erzählen Sie die Geschichte auf deutsch! Denken Sie daran, daß man einen Text nicht Wort für Wort zu verstehen braucht. Vergleichen Sie dann Ihre Version mit der Übersetzung und beantworten Sie folgende Fragen:

1. Nasreddin Hoca ne ödünç alır?
2. Ne geri götürür?
3. Nasreddin Hoca neden bir tencere daha verir?
4. Nasreddin Hoca gene komşusundan kazanı ödünç alır. Neden geri götürmez?
5. Komşu neden şaşırır?

Übung 11

Versuchen Sie mit Hilfe des Vokabelverzeichnisses den Sinn der Redewendungen zu erraten und vergleichen Sie dann mit der Übersetzung!

kapalı kutu	zaman öldürmek
darkafalı olmak	söz vermek

Übung 12

Übersetzen Sie!

1. Soll ich das Essen vorbereiten?
2. Soll ich Donnerstag bei Euch vorbeischauen?
3. Was würdest du gern trinken?
4. Ich rauche nicht.
5. Sollen wir ins Restaurant gehen?
6. Soll ich den Mantel anziehen?
7. Sollen wir die Yılmaz (Yılmazlar) besuchen?
8. Dienstag fahre ich wahrscheinlich nach Köln.
9. Kommst du Sonntag?
10. Wollen wir zusammen ins Kino gehen?
11. Am 17. März fahren wir nach Düsseldorf.
12. Was macht ihr am 27. Februar?

| Kapitel | 7 | Bölüm |

Übung 13
Setzen Sie die fehlenden Wörter bzw. Endungen ein!

_____ izine çıkıyorsunuz?

Temmuz _____.

Kaç _____?

On bir _____.

_____ gidiyorsunuz?

Bodrum _____. Siz izine çıkıyor _____?

Paris _____ gidiyorum.

_____ gidiyorsunuz?

Haziran _____ yirmi üç _____.

Übung 14
Setzen Sie die fehlenden Verbformen ein!

Cumartesi günü Ali'nin doğum günü var. Peter ve Sedat hediye almak istiyor.

Peter: Ne hediye _____?

Sedat: Beraber bir teyp _____.

Peter: Tamam. O zaman çarşıya _____.

Sedat: Sonra ne _____?

Peter: Haydi, güzel bir film _____.

Sedat: Hayır, istemem. Parkta _____.

Peter: Oldu, akşamleyin bir lokantada yemek _____.

Übung 15
Hören Sie das Gespräch mehrmals und beantworten Sie die Fragen!

1. Peter ne içmek istiyor?
2. Mehmet ne içmek istiyor?
3. Peter çayı nasıl içiyor?
4. Mehmet pasta da yiyor mu?
5. Peter pasta da yiyor mu?

Lesen Sie die Vokabeln zur Hörverständnisübung, hören Sie das Gespräch mehrmals und beantworten Sie die Fragen!

1. Kim alışverişe gitmek istiyor?
2. Ne almak istiyor?
3. Sonya hangi rengi beğeniyor?
4. Meral hangi rengi beğeniyor?
5. Etekleri deniyorlar mı?

Kapitel   7   **Bölüm**

Vokabeln

yıkanmak	sich waschen
tıraş olmak	sich rasieren
bahçe	Garten
ev ödevi	Hausaufgabe
etek	Rock
tamam/oldu	in Ordnung, o.k.
o zaman	in diesem Fall
doğum günü	Geburtstag
hediye	Geschenk

Lesetext (10)

komşu	Nachbar
kazan	Kessel
ödünç almak	leihen
ertesi gün	am nächsten Tag
tencere	Kochtopf
şaşırmak	staunen
doğurmak	gebären
yavru	(kleines) Kind, (Tier-)Junge(s)
sevinç	Freude
gene	wieder
geri	zurück
öldü	er, sie, es ist gestorben
şaşkın	verblüfft
inandın	du hast geglaubt

Hörverständnisübung (15)

aramak	suchen
son model	nach der neuesten Mode
beden	Größe
şık	chic
yeşil	grün
sarı	gelb
beğenmek	gefallen
denemek	anprobieren

Kapitel 8 Bölüm

1) **Die besitzanzeigenden Fürwörter**

Die besitzanzeigenden Fürwörter sind:

benim	mein(e)	bizim	unser(e)
senin	dein(e)	sizin	euer (eure), Ihr(e)
onun	sein(e), ihr(e)	onların	ihr(e)

Entsprechend sind die besitzanzeigenden Endungen: *-im, -in, -i, -iz, -iniz, -leri*. Sie unterliegen bei der 3. Person Plural der kleinen, bei den übrigen Personen der großen Vokalharmonie. Da die Endung schon den Besitzer anzeigt, werden die besitzanzeigenden Fürwörter, wenn sie nicht besonders betont werden sollen, in der Regel weggelassen:

öğretmen/im	yüz/üm	zaman/ım	doktor/um
öğretmen/in	yüz/ün	zaman/ın	doktor/un
öğretmen/i	yüz/ü	zaman/ı	doktor/u
öğretmen/imiz	yüz/ümüz	zaman/ımız	doktor/umuz
öğretmen/iniz	yüz/ünüz	zaman/ınız	doktor/unuz
öğretmen/ler/i	yüz/ler/i	zaman/lar/ı	doktor/lar/ı

Bei Wörtern, die mit einem Vokal enden, fällt einer der Vokale weg. Vor die Endung der 3. Person Singular wird ein *s* eingeschoben:

fırça/m	fırça/mız
fırça/n	fırça/nız
fırça/s/ı	fırça/lar/ı

Wird bei Wörtern, die mit einem harten (stimmlosen) Konsonanten enden (*ç, k, p, t*), eine mit einem Vokal beginnende Endung angehängt, werden diese Konsonanten weich. Wird eine mit einem Konsonanten beginnende Endung angehängt, bleiben sie unverändert:

sandviç	sandvic/im	sandviç/ler/i
çocuk	cocuğ/um	çocuk/lar/ı
ümit	ümid/im	ümit/ler/i
dolap	dolab/ım	dolap/lar/ı

Beachten Sie:

onların arabası	= ihr Auto
onların arabaları	= ihre Autos
arabaları	= ihr Auto, ihre Autos

In der Umgangssprache werden in der 1. und 2. Person häufig nur die besitzanzeigenden Fürwörter (Possessivpronomen) ohne die besitzanzeigenden Endungen (Possessivendungen) gebraucht:

benim araba = mein Auto   bizim ev = unsere Wohnung

2) **Der besitzanzeigende Fall (Genitiv)**

Der Genitiv wird gebildet, indem man die Endung *-in* anhängt. Sie unterliegt der großen Vokalharmonie:

| öğretmen/in | = des Lehrers | doktor/un | = des Arztes |
| yüz/ün | = des Gesichtes | adam/ın | = des Mannes |

Endet das Wort mit einem Vokal, wird ein *n* eingeschoben:

fırça/n/ın   = der Bürste   radyo/n/un = des Radios

Endet ein Wort mit einem harten Konsonanten (ç, k, p, t), wird dieser weich:

borç   borcun   kitap   kitab/ın

Bei Eigennamen wird die Endung durch ein Apostroph vom Bezugswort abgetrennt. Die stimmlosen Konsonanten ç, k, p, t bleiben in der Schreibweise unverändert, werden aber weich gesprochen:

Zafer'in   Semra'nın   Mehmet'in

In der Regel steht der besitzanzeigende Fall (Genitiv) nicht allein, sondern in Verbindung mit einem Bezugswort, das im Türkischen die besitzanzeigende Endung (Possessivendung) der 3. Person erhält:

öğrencinin defteri = das Heft des Schülers
müdürün odası = das Zimmer des Direktors
kadının çantası = die Tasche der Frau

Wird eine Genitivverbindung (*öğretmenin çantası = die Tasche des Lehrers*) in einen anderen Fall gesetzt (dekliniert), wird die entsprechende Endung angehängt. Bei auslautendem Vokal wird ein *n* eingeschoben:

Öğretmenin çantasını arıyorum.   Ich suche die Tasche des Lehrers.
Müdürün odasına gidiyorum.   Ich gehe in das Zimmer des Rektors.
Ali'nin arabasını ödünç alıyorum.   Ich leihe mir Alis Auto.

Das Fragewort für den besitzanzeigenden Fall (Genitiv) ist *kimin*:

Bu kimin arabası?   Wessen Auto ist das?

3) **Reihenfolge der Endungen**

Der Mehrzahlendung folgen die besitzanzeigende (Possessiv-) und dann die Fallendung:

arkadaşlarımızın arabası   = das Auto unserer Freunde
arabalarımızda   = in unseren Autos

4) **Die türkische Entsprechung des Hilfsverbs haben**

Das Hilfsverb „*haben*" wird mit Hilfe der besitzanzeigenden Form und dem Wort «*var*» wiedergegeben:

Arabamız var.   Wir haben ein Auto.
Kalemi var.   Er hat einen Stift.

Im *Fragesatz* wird das Fragewörtchen *mı*, das sich nach der großen Vokalharmonie richtet dem Wort «*var*» nachgestellt:

Araban var mı?   Hast du ein Auto?
Eviniz var mı?   Haben Sie eine Wohnung? Habt ihr eine Wohnung?

Die *Verneinung* erfolgt mit dem Wort «*yok*»:

Arabam yok.   Ich habe kein Auto.
Kalemimiz yok.   Wir haben keinen Stift.
Arabanınız yok mu?   Haben Sie kein Auto? Habt ihr kein Auto?
Kalemin yok mu?   Hast du keinen Stift?

Kapitel 8 Bölüm

Übung 1
Bu kimin?

Ev kimin? Nesrin'in evi.

Kapitel 8 Bölüm

_____   _____   _____
_____   _____   _____

Übung 2
Beschreiben Sie Ihre Familie! (Alter, Wohnort, Anzahl der Kinder bei Geschwistern, Tätigkeit)

Stellen Sie Ihrem Kursnachbarn folgende Fragen und notieren Sie die Antworten!

Annen, baban ... kaç yaşında? Kardeşiniz var mı? Nerede oturuyorlar? Ne yapıyorlar? Çocukları var mı?

Stellen Sie die Ergebnisse des Interviews dem Kurs vor!

z. B.: Peter'in annesi 64 yaşında. Köln'de oturyor. Ev kadını. Babası . . .

Übung 3
Ne ağrıyor?

o – baş	Onun başı ağrıyor.
ben – böbrek	_____.
Semra – kulaklar	_____.
sen – boğaz	_____.
biz – sırt	_____.
Murat – mide	_____.
ben – karın	_____.
Şadiye – göğüs	_____.
onlar – bacaklar	_____.
biz – kollar	_____.
siz – ayaklar	_____.
ben – diş	_____.
Ümmü – gözler	_____.

Kapitel 8 Bölüm

Übung 4
Bilmece

1. Zahl: waagerecht; 2. Zahl: senkrecht

Waagerecht

1,1	Frühling	2,6	vorstellen	12,15	Verwandter	11,1	Bügeleisen	3,7	zuhören
8,16	Schrank	5,2	wer	12,7	Kleid	3,17	Schlüssel	11,2	Beruf
8,8	sich erkälten	13,17	Brust	4,3	Glas	1,10	Praxis	5,18	leiser stellen
1,4	Männername	8,12	Schwester	7,4	Schirm	11,13	zufrieden		

Senkrecht

1,1	Prüfung	5,12	leben	13,3	aufheitern	1,12	Schwägerin	6,9	vorschlagen
15,1	Bild	2,1	Sohn	7,9	Tante	16,5	Gymnasium	3,1	Fluß
8,12	Ehemann	17,1	Arm	3,9	vorbereiten	9,1	Feuerzeug	16,6	Geschenk
4,6	Oma	9,7	Sache	4,10	leben	12,14	Deckel		

Kapitel 8 Bölüm

Übung 5

Fragen Sie, ob die Personen die Gegenstände besitzen! Bei einem Pluszeichen geben Sie eine positive, bei einem Minuszeichen eine negative Antwort!

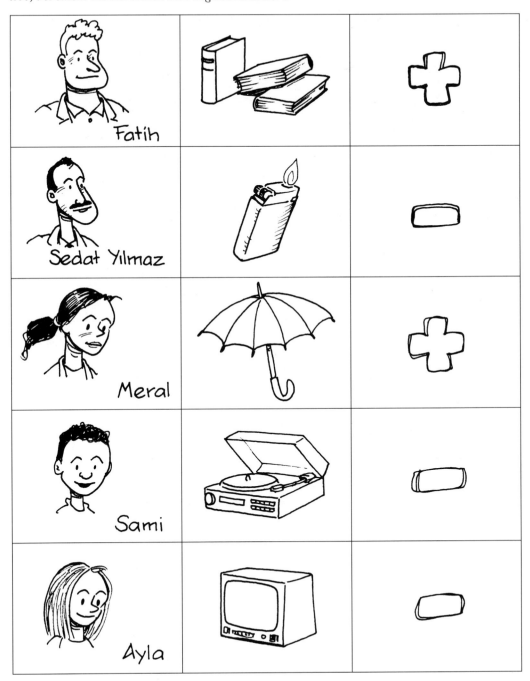

Mehmet Bey'in arabası var mı? Hayır, Mehmet Bey'in arabası yok . . .

Übung 6

1) Fragen Sie, ob Ihr Bekannter Kopfschmerzen hat!

2) Sagen Sie, daß Sie Bauchschmerzen haben!

3) Fragen Sie, wo Ihr Schlüssel ist!

4) Fragen Sie Ihren Bekannten, ob die Tasche ihm gehört!

5) Sagen Sie, daß dieses Feuerzeug Ihnen gehört!

6) Fragen Sie Ihren Bekannten, ob er ein Auto hat!

7) Fragen Sie Ihren Bekannten, wie groß er ist!

8) Fragen Sie Ihren Bekannten, wieviel er wiegt!

9) Fragen Sie Ihren Bekannten, ob er Zeit hat!

10) Fragen Sie Ihren Bekannten, was sein Vater macht!

11) Wünschen Sie Ihrem Bekannten eine gute Besserung!

12) Fragen Sie Ihren Bekannten, was mit ihm los ist!

Übung 7

Machen Sie mit Ihrem Kursnachbarn ein Interview und schreiben Sie einen Bericht über ihn, den Sie im Kurs vorlesen können!

Adınız ne?
Soyadınız ne?
Kilonuz kaç?
Boyunuz kaç?
Nerede doğdunuz?
Nerede oturuyorsunuz?

Nerede çalışıyorsunuz?
Evli misiniz?
Arabanız var mı?
Çocuklarınız var mı?

Kapitel 8 **Bölüm**

Anneniz kaç yaşında?
Babanız kaç yaşında? Nerede oturuyorlar?
Kardeşiniz var mı? Nerede oturuyorlar? Ne yapıyorlar? Çocukları var mı?
Boş zamanınızda ne yaparsınız?
Ne müziği seviyorsunuz?
Ne kitapları/filmleri seviyorsunuz?
Ne yemeği tercih ediyorsunuz?

Sie können ein solches Interview, wenn Ihr Kursleiter die Gelegenheit schaffen kann, auch mit Türken durchführen. Fügen Sie folgende Frage hinzu!

Ne zamandan beri Almanya'dasınız?   Seit wann sind Sie in Deutschland?

Schreiben Sie einen längeren Bericht über sich selbst!

Übung 8
Gürcanlar'ın Evi

Gürcan ailesi _____ dördüncü katta büyük bir ev _____ var. İki yatak odası _____ var. Büyük bir oturma odası _____ var. Mutfak _____ var. Banyo _____, tuvalet _____, balkon _____ da var. Yemek odası _____ da var. Kaç oda _____ var?
Gürcan ailesi _____ dört oda _____ var.

Stellen Sie den Gürcans Fragen und beantworten Sie sie!

Banyonuz var mı? –
Evet, banyomuz var.
Ayşe Yılmaz yalnız oturuyor. Evini anlatıyor:

Küçük mutfak _____ var. Banyo _____, tuvalet _____ var. Yatak odası _____ var. Oturma odası _____. Küçük bir balkon _____ var. Kalorifer _____ var.

Stellen Sie Ayşe Fragen und beantworten Sie sie!

Banyon var mı? – Evet, banyom var.

Übung 9
Ne yıkıyorlar?

z. B.: Sırtımı yıkıyorum.

(kim?: Yılmazlar, Ayşe, ben, biz, siz, sen, onlar, Mehmet)

(ne?: araba, bulaşık, yüz, tencere, kulak, bacak, kol, fincan)

Kapitel 8 Bölüm

Übung 10
Setzen Sie die fehlenden Endungen ein!

Kitap_____ nerede (mein)? Kitap_____ masada (Ihr). Turgut_____ araba_____ yeni. Reyhan_____ kız kardeş_____ on iki yaşında. Onlar_____ ev_____ çok büyük. Anne_____ altmış yaşında (unsere). Öğretmen_____ kalem_____ nerede (dein)? Filiz_____ elbise_____ çok şık. Ev_____ çok küçük (unser). Bu çocuk_____ top_____. Bu Arzu_____ bisiklet_____. Pasaport_____ nerede (mein)? Pasaport_____ çantada (Ihr). Erol_____ güzel bir saat_____ var. Ümmü_____ çanta_____ pahalı. Gözlük_____ nerede (deine)? Bu ben_____ radyo_____. Şu sen_____ araba_____.

Übung 11
Ye Kürküm Ye

Hoca bir zenginin evine düğüne çağrılır. Her zamanki gibi gösterişsiz kılığıyla gider. Hiç kimse yüzüne bakmaz. Bir köşede oturur ve biraz sonra evine döner.

Bir saat sonra yeni kürkünü, görkemli kavuğunu giyer ve yine düğün evine gider. Bu kez kapılardan karşılarlar onu. Yürekten buyur ederler ve en baş köşeye oturturlar. Hoca her yiyeceği önce kürküne sunar ve ona «ye kürküm ye» der.

Bir süre sonra ona birisi sorar: «Ne yapıyorsun, Hocam?» Nasreddin Hoca güler ve şöyle cevap verir: «Sen farkında değilsin. Gündelik kılığımla hiç bakmadılar bana. Kürkümle geldim, herkes bana saygı gösterdi. Demek ki bu saygı bana değil, kürkümedir.»

Suchen Sie die besitzanzeigenden Formen in diesem Text heraus und übersetzen Sie sie!

Lesen Sie mehrmals die unbekannten Vokabeln, lesen Sie den Text und beantworten Sie die Fragen!

1. Hoca bir gün nereye gider?
2. Ne giyer?
3. Düğünde ne olur?
4. İkinci defa ne giyer?
5. Kişiler onu nasıl karşılar?
6. Kişiler neden şaşırır?

Übung 12
Setzen Sie die fehlenden Endungen ein!

Ali_____ öğretmen_____ kalem_____ arıyor. Şennur_____ koca_____ Köln_____ çalışıyor. Sinan_____ aile_____ Türkiye_____ oturuyor. Çetin_____ arkadaş_____ bir kahve_____ içiyor. Kahve_____ sütlü içiyor. Sen_____ araba_____ çok beğeniyorum. Ayla_____ arkadaşlar_____ telefon ederim. Salih_____ araba_____ bozuk, Salih araba_____ satıyor. Kitaplar_____ arıyorum. Kalem_____ bozuk (sen), _____ (sen) kalem _____ (ben) ödünç veriyorum. Doğan_____ gömlek_____ pis. Ünal_____ baba_____ genç. Ev_____ (siz) uğrarım. Çok evler_____ var (onlar).

| Kapitel | 8 | Bölüm |

Übung 13
Finden Sie die passenden Fragen!

_____	? Boğazım ağrıyor.
_____	? Bugün Şubat'ın on biri.
_____	? Saat yedi buçuk.
_____	? Ayşe'nin kalemi.
_____	? Annemiz iyi değil.
_____	? Evimin üç odası var.
_____	? Bu program iki saat sürüyor.
_____	? Konser sekizde başlıyor.
_____	? Ayşe Ağustos'ta Türkiye'den dönüyor.
_____	? Saat onda buluşalım.

Übung 14
Schreiben Sie unter Zuhilfenahme des Vokabelverzeichnisses ein Gespräch beim Arzt! Spielen Sie diese Szene ohne schriftliche Stütze im Kurs!

Übung 15
Lesen Sie mehrmals die Vokabeln zur Hörverständnisübung! Hören Sie den Dialog zweimal und kreuzen Sie dann die richtigen Aussagen zum Text an!

Kuvvetli ishalı var. ○
Midesi ağrıyor. ○
Başı ağrıyor. ○
Ateşi var. ○
Doktor «üstünüzü soyunun» diyor. ○
Doktor «ağzınızı açın» diyor. ○
En az on gün dinlenmesi lazım. ○
Ekmek yiyebilir. ○
Şekersiz çay içebilir. ○
Doktor ishal hapı reçeteye yazıyor. ○
Yine gelmesi lazım. ○

Beantworten Sie die Fragen!

1. Nesi var?
2. Ne yiyebilir?
3. Ne içebilir?

Kapitel 8 Bölüm

Vokabeln

anlatmak	erzählen
banyo	Badezimmer
tuvalet	Toilette
oturma odası	Wohnzimmer
yatak odası	Schlafzimmer
yemek odası	Eßzimmer
bulaşık	Geschirr
yüz	Gesicht
tabak	Teller
fincan	Tasse
tencere	Kochtopf
saat	Uhr
pasaport	Paß
satmak	verkaufen
gömlek	Hemd

Lesetext

zengin	reich
düğün	Hochzeit
çağrılmak	eingeladen werden
gösterişsiz	unauffällig
kılık	Kleidung
hiç kimse	niemand
köşe	Ecke
kürküm	mein Pelz
görkemli	prächtig
kavuk	Turban
karşılamak	abholen, begrüßen
yürekten	herzlich
oturtmak	setzen
en baş köşe	Ehrenplatz
yiyecek	Eßbares
sunmak	anbieten
farkında olmak	bemerken
gündelik	alltäglich
bakmadılar	sie haben mich nicht angesehen
geldim	ich bin gekommen
saygı	Respekt, Ehrerbietung
gösterdi	hat gezeigt
herkes	jeder
ikinci defa	das zweite Mal

Kapitel 8 Bölüm

Doktor

Ne şikâyetiniz var?	Welche Beschwerden haben Sie?
Neresi ağrıyor?	Wo tut es weh?
Üstünüzü soyunun.	Machen Sie sich frei.
Ağzınızı açınız.	Öffnen Sie den Mund.
Birkaç gün dinlenmeniz gerek.	Sie müssen sich ein paar Tage ausruhen.
Size bir ilaç yazacağım.	Ich werde Ihnen etwas verschreiben.
Günde üç kere 1 hap/15 damla yemekten önce/sonra alın.	Nehmen Sie dreimal täglich 1 Tablette/ 15 Tropfen vor/nach dem Essen.

Patient

Kendimi iyi hissetmiyorum.	Ich fühle mich nicht wohl.
. . . ağrıyor.	. . . tut weh.
İshal/Kabız oldum.	Ich habe Durchfall/Verstopfung.
Kuvvetli üşüttüm.	Ich bin stark erkältet.
Başım dönüyor.	Mir ist schwindelig.
Bana bir ilaç verir misiniz/ yazar mısınız, lütfen?	Können Sir mir bitte etwas geben/ verschreiben?

Hörverständnisübung

kuvvetli	stark
ishal	Durchfall
yediniz	Sie haben gegessen
ishal yapan bir şey	etwas Durchfallverursachendes
yolculukta	auf der Reise
ne burlursak	was wir finden
ateş	Fieber
biraz	etwas
termometre	Thermometer
koltuk altı	Achselhöhle
ağiz	Mund
derece	Grad
ne yapmam gerek	was muß ich machen
dinlenmek	ausruhen
dinlenmeniz lazım	Sie müssen ausruhen
peksimet	Zwieback
elma rendesi	geriebener Apfel
çorba	Suppe
dışında	außer
yemeyeceksiniz	Sie dürfen nicht essen
iyileşinceye kadar	bis zur Gesundung
ayrıca	außerdem
hap	Tablette
yemeklerden sonra	nach dem Essen

Kapitel 9 Bölüm

1) Wortzusammensetzungen

Um neue Begriffe zu bilden, können zwei oder auch mehr Substantive durch Anhängen der besitzanzeigenden Endung der 3. Person *(i/ı/ü/u)* miteinander verbunden werden:

yemek = das Essen   liste = die Liste → yemek listesi = die Speisekarte

öğle = der Mittag   yemek = das Essen → öğle yemeği = das Mittagessen

diş = der Zahn   fırça = die Bürste → diş fırçası = die Zahnbürste

dil = die Sprache   kurs = der Kurs   öğretmen = der Lehrer →
dil kursu öğretmeni = der Sprachkursleiter

Zusammensetzungen, die ein kurzes Wort enthalten, werden in der Regel zusammengeschrieben:

dişeti = das Zahnfleisch

Im Plural wird statt der besitzanzeigenden Endung der 3. Person Singular die Pluralendung angehängt:

benzin istasyonu = die Tankstelle   benzin istasyonları = die Tankstellen

Wird eine Zusammensetzung in den besitzanzeigenden Fall (Genitiv) gesetzt, so entfällt die eigene Endung am letzten Wort:

diş fırça/m = meine Zahnbürste   yemek liste/niz = Ihre Speisekarte

Im Plural bleibt die Endung:

diş fırça/lar/ı/m = meine Zahnbürsten

Wird die Wortzusammensetzung in einen anderen Fall gesetzt (dekliniert), wird ein *n* eingeschoben:

Diş fırçasını bulamıyorum.   Ich kann die Zahnbürste nicht finden.

Gibt das erste Wort einer Zusammensetzung das Material an oder steht es anstelle eines Adjektivs, so erhält das zweite Wort keine Endung:

altın saat = Golduhr   taşköprü = Steinbrücke   kız kardeş = Schwester

Zusammensetzungen mit *«ana»* (Mutter), *«baş»* (Haupt) und *«hane»* (Haus) erhalten ebenfalls keine Endung:

anavatan = Heimat   başbakan = Ministerpräsident
anayasa = Grundgesetz   birahane = Bierlokal

2) Zusammensetzungen mit lı/li/lu/lü

Aus einigen Substantiven lassen sich mit Hilfe der Endungen *lı/li/lu/lü* Adjektive machen:

sakal = der Bart   sakal/lı = bärtig
akıl = der Verstand   akıl/lı = klug (= *mit Verstand*, vgl. *«ile»* S. 60)

3) Angabe der Herkunft einer Person

Mit Hilfe der Endung *lı/li/lu/lü* kann die Herkunft einer Person benannt werden:

Ankara'lı = aus Ankara gebürtig
İstanbul'lu = aus Istanbul gebürtig

Kapitel 9 Bölüm

Übung 1
Setzen Sie die fehlenden besitzanzeigenden Endungen ein!

Ayşe Mesut____ gömlek____ yıkıyor. Gönül____ elbisesi çok güzel. Oturma odası____ kapı____ kapalı. Mehmet Bey____ arkadaşlar____ ona uğruyor. Mehmet Bey____ arkadaşlar____ arabalar____ pahalı. Nasreddin Hoca yüzük____ kaybeder. Arkadaşlar____ uğruyoruz. Anne____ telefon ediyorum. Kız kardeşi____ ziyaret ediyorum. Ali sırt____ yıkıyor. Fatma____ etek____ renk____ çok beğeniyorum. Vedat____ pantolon____ renk____ güzel değil. Nasreddin Hoca____ eşek____ nerede? Kim Nasreddin Hoca'dan eşek____ ödünç almak istiyor? Öğrenci____ kitap____ görüyor musun? Zeynep____ mide____ ağrıyor. Şenol Bey oğlu____ öğretmen____ dinliyor. Sizin arkadaş____ bekliyoruz. Biz____ çocuklar____ davet ediyor. Anne____ selam söyleyin! On____ anne____ tanımıyorum. Öğrenci öğretmen____ soru soruyor.

Übung 2
Bilmece

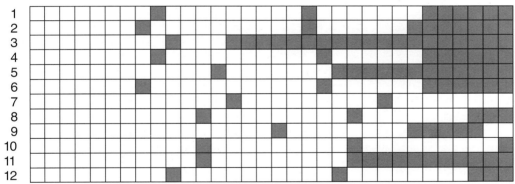

Ein Apostroph zählt als Buchstabe.

1. die Tasche von Ayşes Mutter
2. die Tür von Alis Auto
3. die Wohnung unserer Mutter
4. die Küchentür eurer Wohnung
5. das Auto deines Lehrers
6. das Buch des Freundes meines Sohnes
7. die Wohnungstüren (die Türen der Wohnung) meiner Geschwister
8. das Auto des Ehemannes meiner Freundin
9. die Cassettenrecorder unserer Freunde
10. die Gärten der Häuser deiner Geschwister
11. die Gärten eurer Häuser
12. die Türen von Mehmets Auto

 Übung 3
Eczanede

- Affedersiniz, Alman arkadaşım hasta. Otelde yatıyor. İyi bir ishal ilacı var mı?
- Şununla bir deneyin. Daha kuvvetli bir ilaç var, ama reçete lazım. Reçetesiz veremeyiz.
- Peki, bunu alayım, öbürünün adını da bana yazar mısınız?
- Buyrun. Bu bin beş yüz lira. Öbür ilacın adı da şu kâğıtta yazılı. Arkadaşınıza geçmiş olsun.
- Teşekkür ederim.

Lesen Sie mehrmals die unbekannten Vokabeln. Lesen Sie den Text und beantworten Sie die Fragen! Schreiben Sie dann einen Dialog in der Apotheke: Ihr Freund hat starke Kopfschmerzen!

Alman arkadaşın nesi var?
Daha kuvvetli ilaç var mı?
Eczacı ne yazıyor?
İlaç kaç lira?

 Übung 4

Ev kadınının rehberi
Kadın ve ev işi

20. yüzyıl kadınına ev işlerinde kolaylık sağlayan pek çok araç gereç var. Ev temizliği denilince artık akla kocaman birsüpürge, faraş, tahta bezi, tahta fırçası gelmiyor ... Elektronik aygıtlar, kadının kendini fazla yormadan, evinin işlerini yapmasına gerçekten büyük ölçüde yardımcı oluyor ... Ama o araç gereçleri kullanmak da kadının hayli zamanını alıyor ... İngiltere'de ev kadınları arasında düzenlenen bir ankete göre, kadınların yapmaktan nefret ettikleri işler, şöyle sıralandı: Ütü yapmak, banyoyu temizlemek, alışveriş yapmak, cam silmek, çamaşır yıkamak, toz almak, yatak takımlarını değiştirmek, evi süpürmek ... Listeden anlayacağınız gibi, İngiliz kadınları ev işi yapmayı hiç sevmiyorlar ... Yine benzeri bir ankete göre İngiltere'de erkeklerin yüzde 49'u, ev işine erkek elinin bulaşmasına karşı. İngiliz erkekleri, evde eşlerine yardım etmek yerine; evlerini modern araç gereçlerle donatmayı yeğliyorlar.

Stellen Sie fest, wovon dieser Zeitungsartikel handelt!

Unterstreichen Sie alle Wörter, die Sie verstehen!

Ein Zeitungsartikel enthält eine Zusammenfassung des Textes in der Überschrift.

Vergleichen Sie Ihre Lösung mit der Aufgabenlösung im Arbeitsbuch!

| Kapitel | 9 | Bölüm |

Übung 5

Öğrenci öğretmene neleri veriyor?
Öğretmene kitabı veriyor.
___

Mehmet Ayşe'ye ne hediyeleri veriyor?
Ona arabayı veriyor.
___

Koç'lar	Gülay
Recep	Ayşe
Tayfun	Şener
Feriha	Rıfkı

Ekmekçi ekmeği kime satıyor?
Ayşe'ye ekmek satıyor.
___

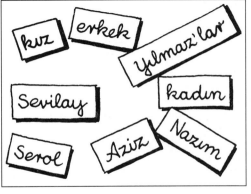

Zeynep bugün arkadaşlarına telefon ediyor. Kime telefon ediyor?
Yılmaz'lara telefon ediyor.
___

Kapitel 9 **Bölüm**

Übung 6

Bu Filiz'in ayakkabıları.

_____
_____

_____
_____

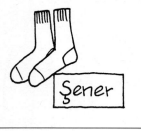

_____
_____

_____
_____

110

Kapitel 9 Bölüm

Übung 7
Meral kann sich nicht entscheiden, was sie tun soll:

Dikiş dikeyim mi? Hayır, dikiş dikmeyim.

Übung 8
Bilden Sie Wörter, indem Sie die besitzanzeigende Endung der 3. Person anhängen und übersetzen Sie diese dann!

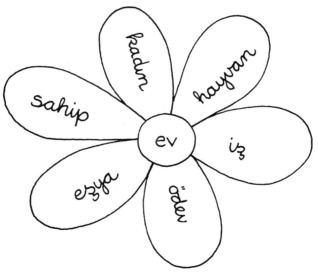

okul bahçe_____   iş arkadaş_____   yazı dil_____

  çanta_____   gün_____   kâğıt_____

  müdür_____   yer_____   masa_____

diş doktor_____   trafik lamba_____   yemek liste_____

  fırça_____   kaza_____   kitap_____

  ağrı_____   kurallar_____   oda

| Kapitel | 9 | Bölüm |

Übung 9
Bilden Sie Adjektive, indem Sie die Endungen li/lı/lu/lü anhängen, erraten Sie deren Bedeutung und vergleichen Sie mit dem Vokabelverzeichnis!

gam	= Kummer	bulut	= Wolke	eğlence	= Vergnügen
gam___	=	bulut___	=	eğlence___	=
söz	= Wort	öfke	= Zorn	masraf	= Kosten
söz___	=	öfke___	=	masraf___	=
duman	= Rauch	emniyet	= Sicherheit	ümit	= Hoffnung
duman___	=	emniyet___	=	ümit___	=
fark	= Unterschied	yaş	= Alter	para	= Geld
fark___	=	yaş___	=	para___	=
sinir	= Nerv	yara	= Verletzung	yarar	= Gewinn, Vorteil
sinir___	=	yara___	=	yarar___	=

Übung 10
Beschreiben Sie Personen!

Kahverengi pantalonlu bir adam . . .

Übung 11
Beschreiben Sie das Äußere und den Charakter Ihres Kursleiters!

 Größe, Haarfarbe, Alter, Familienstand, Eigenschaften, Brille? Bart? Körpergewicht

Beschreiben Sie einen der Kursteilnehmer und lassen Sie die anderen raten, um wen es sich handelt!

Übung 12

1. Sagen Sie, daß Ihre Schwester von mittlerer Größe ist!
   _____

2. Sagen Sie, daß Ihre Mutter graue Haare hat und eine Brille trägt!
   _____

3. Sagen Sie, daß der Dieb dick und klein war!
   _____

4. Sagen Sie, daß Ihr Lehrer gelockte schwarze Haare hat!
   _____

5. Sagen Sie, daß das Fußballspiel langweilig war!
   _____

6. Sagen Sie, daß Sie ein grünes Kleid kaufen wollen!
   _____

7. Sagen Sie, daß Sie sich die Hosen ansehen wollen!
   _____

8. Sagen Sie, daß Sie eine modische Bluse kaufen wollen!
   _____

9. Sagen Sie, daß Sie den bunten Pullover nicht kaufen wollen!
   _____

10. Sagen Sie, daß Ihr Nachbar braune Augen hat!
    _____

11. Sagen Sie, daß Sie Zigaretten mit Filter rauchen!
    _____

12. Sagen Sie, daß Sie aus Köln sind!
    _____

Übung 13

Sie kaufen ein Kleidungsstück. Schreiben Sie das Gespräch mit dem Verkäufer auf!

welches Kleidungsstück, Farbe, Größe, modisch oder klassisch

Fragen Sie, ob Sie es anprobieren dürfen!

Spielen Sie die Szene in Ihrem Kurs!

Kapitel 9 Bölüm

Übung 14
Hören Sie sich die Gespräche mehrmals an und kreuzen Sie dann die richtigen Aussagen an!

- ○ Kadın tam modaya uygun bir elbise almak istiyor.
- ○ Kadın klasik bir bluz almak istiyor.
- ○ Kadın yeşil elbiseyi beğenmiyor.
- ○ Kadın en çok maviyi beğeniyor.
- ○ Kadın sarı elbiseyi deniyor.
- ○ Kırmızı kazak kadına dar geliyor.
- ○ Kadın kazağı deniyor.
- ○ Kadın mavi çizgili kazağı alıyor.
- ○ Kazak 28 000 lira eder.

Übung 15
Hier sind Zeichnungen zu dem Nasreddin Hoca-Text in Ihrem Lehrbuch. Füllen Sie die Sprechblasen in den Bildern aus!

Kapitel 9 Bölüm

Vokabeln

ekmekçi	der Bäcker
tebeşir	die Kreide
silgi	das Radiergummi
kalem kutusu	das Etui
kalemtıraş	der Bleistiftspitzer
küpe	der Ohrring
kolye	die Halskette
bilezik	das Armband
hayvan	das Tier
sahip	Besitzer, Inhaber
müdür	Rektor
dil	Sprache
yazı	Schrift, Schriftstück
kâğıt	Papier
trafik	Verkehr
kaza	Unfall
kural	Regel
liste	Liste, Tabelle, Verzeichnis
eşya	Sache
gamlı	betrübt
eğlenceli	unterhaltsam, amüsant
sözlü	mündlich
bulutlu	bewölkt
dumanlı	neblig, dunstig
öfkeli	zornig
masraflı	kostspielig, teuer
emniyetli	sicher
ümitli	hoffnungsvoll
yaşlı	alt
farklı	verschieden
paralı	wohlhabend
sinirli	nervös
yaralı	verletzt
yararlı	nützlich, vorteilhaft

Lesetext

eczane	Apotheke
affedersiniz	entschuldigen Sie
ishal	Durchfall
ilaç	Medikament
kuvvetli	stark
veremeyiz	wir können nicht geben
öbür	das andere
geçmiş olsun	gute Besserung

Hörverständnisübung

beden	Größe
hoşuna gitmek, beğenmek	gefallen
denemek, prova etmek	anprobieren
kabine	Umkleidekabine
tek renkli	einfarbig
yakışmak	(Kleidung) stehen
en çok	am meisten

Kapitel 10 Bölüm

1) Geçmiş Zaman (bestimmte Vergangenheit)

Das Geçmiş Zaman entspricht dem deutschen Perfekt und Imperfekt und hat die Endung *-di*. Die Endung unterliegt der großen Vokalharmonie und wird zwischen Verbstamm und Personalendung eingeschoben:

öğren/di/m	al/dı/m	dön/dü/m	bul/du/m
öğren/di/n	al/dı/n	dön/dü/n	bul/du/n
öğren/di	al/dı	dön/dü	bul/du
öğren/di/k	al/dı/k	dön/dü/k	bul/du/k
öğren/di/niz	al/dı/nız	dön/dü/nüz	bul/du/nuz
öğren/di/ler	al/dı/lar	dön/dü/ler	bul/du/lar

Endet der Verbstamm mit einem stimmlosen (harten) Konsonanten, wird statt der Endung *-di* die Endung *-ti* verwendet:

konuşmak	konuş/tu/m
satmak	sat/tım
kalkmak	kalk/tı/m

Im *Fragesatz* wird die Fragepartikel *mi* (große Vokalharmonie) der Verbform nachgestellt:

öğrendim mi?	habe ich gelernt?
sattılar mı?	haben sie verkauft?
döndüler mi?	sind sie zurückgekehrt?

Bei der *Verneinung* wird die Partikel *me* (kleine Vokalharmonie) an den Verbstamm angehängt. Die Vergangenheitsendung richtet sich dann nach der kleinen Vokalharmonie:

öğren/me/di/m	= ich habe nicht gelernt
al/ma/dı/k	= wir haben nicht genommen
dön/me/di/ler	= sie sind nicht zurückgekehrt
bul/ma/dı/n	= du hast nicht gefunden

Verneinende Frage:

öğrenmedim mi?	habe ich nicht gelernt?
almadık mı?	haben wir nicht genommen?
dönmediler mi?	sind sie nicht zurückgekehrt?
bulmadın mı?	hast du nicht gefunden?

2) Geçmiş Zaman der türkischen Entsprechung des deutschen Hilfsverbs „sein"

Die Endung *-di* wird zwischen das Bezugswort und die entsprechenden Personalendungen geschoben. Sie richtet sich nach der großen Vokalharmonie:

zor/du	= es ist schwer gewesen
üzgün/dü/k	= wir sind traurig gewesen
memnun/du/m	= ich bin zufrieden gewesen

Endet das Bezugswort mit einem Vokal, wird ein *y* eingeschoben:

| evli/y/di/niz | = Sie sind/ihr seid verheiratet gewesen |
| okul/da/y/dı/k | = wir sind in der Schule gewesen |

In der *Frageform* wird die Fragepartikel vor die Vergangenheitsendung und Personalendung gesetzt:

akıllı mı/y/dı?	ist er klug gewesen?
evli mi/y/di/niz?	sind Sie/seid ihr verheiratet gewesen?
memnun mu/y/du/n?	bist du zufrieden gewesen?

Die *Verneinung* erfolgt mit «*değil*»:

akıllı değil/di	= er ist nicht klug gewesen
memnun değil/di/m	= ich bin nicht zufrieden gewesen

Verneinende Frage

akıllı değil mi/y/di?	ist er nicht klug gewesen?
okulda değil mi/y/di/niz?	sind Sie/seid ihr nicht in der Schule gewesen?

3) **Wie beginnt oder schließt man einen Brief?**

a)
Sevgili Ümmü	= liebe Ümmü
Değerli Mehmet	= werter Mehmet
Arkadaşım Selda	= meine Freundin/Kollegin
Sayın Mehmet Bey	= sehr geehrter Herr Mehmet
Sayın Mehmet Sarıkaya	= sehr geehrter Mehmet Sarıkaya
Sayın Bay Sarıkaya	= sehr geehrter Herr Sarıkaya

Die Anrede mit «*sevgili*» ist nicht so harmlos und verbreitet wie im Deutschen. Z. B. wird man als Mann die Ehefrau des Freundes eher mit «*sayın*» anreden.

b)
Hepinize selam ve sevgilerimi gönderirim	= ich sende Euch allen meine Grüße und Liebe
Selamlarla	= mit Grüßen
Samimi selamlarla	= mit herzlichen Grüßen
Saygılarla	= hochachtungsvoll
Hoşça kal	= bleib/bleiben Sie wohlauf
hoşça kalın	

Kapitel 10 Bölüm

Übung 1
-yor Gegenwart oder Geniş Zaman?

Setzen Sie die Verben an die richtige Stelle! Einige kommen auch mehrmals vor.

seyretmek, yatmak, gitmek, hazırlamak, gelmek, yapmak, uğramak, okumak, ziyaret etmek, dönmek, götürmek, almak, içmek

1. Gülay her gün ne _____? Kahvaltı _____, işe _____, akşamleyin kitap _____. 2. Şu anda siz ne _____? Ben televizyon _____. Sonra _____. 3. Karakök'ler bugün annelerine _____. Yarın belki İstanbul'a _____. 4. Mehmet herhalde bugün _____. 5. Çocuklar şimdi ev ödevlerini _____. Her öğleden sonra ev ödevlerini _____. 6. Ben herhalde tatilde Türkiye'ye _____. 7. Sen şimdi nereye _____? Alışverişe _____. 8. Ben belki ona bir teyp _____. 9. Çocuklar şimdi otobüsle eve _____. 10. Şenol her gün arkadaşına _____. 11. Serap Hanım her gün çocukları okuldan _____. 12. Siz şimdi çocuklarınızı okula _____? 13. Erol her hafta doktora _____. 14. Mehmet Bey çok sigara _____.

Übung 2
Setzen Sie die richtigen Endungen ein! Entscheiden Sie, in welchen Fällen keine Endung erforderlich ist!

1. Arkadaşlarınız____ ziyaret eder misiniz? 2. Bir elbise____ almak istiyorum. 3. Bu kitap____ almak istiyor musunuz? 4. Hangi pantolon____ alayım? Şu gri pantolon____ al! 5. Çiçekler____ seviyor musun? 6. Yeni araba____ almak istiyorum. 7. Baban____ selam söyle! 8. Lütfen kitaplar____ kapatın! 9. Çay____ içer misiniz? 10. Kardeşim____ bekliyorum. 11. Sütlü bir kahve____ içerim. 12. Ayla____ tanıyor musun? 13. Müzik____ dinliyorum. 14. Anahtar____ arıyorum. 15. Arkadaşlarım____ telefon ediyorum. 16. İlginç bir kitap____ arıyorum. 17. Erol, yüzün____ yıka! 18. Yeni bir dolap____ almak istiyorum.

Übung 3
Bilmece

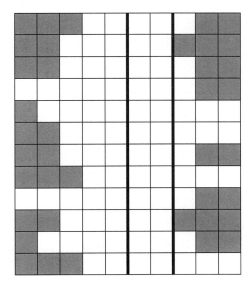

1. wir haben gegessen
2. er hat geschrieben
3. ich habe gelesen
4. uns hat gefallen
5. sie waren traurig
6. ihr habt geschlagen
7. wir sind geschwommen
8. ihr habt getrunken
9. wir haben gesprochen
10. er hat verlassen (Haus)
11. du hast Angst gehabt
12. ihr habt gemacht

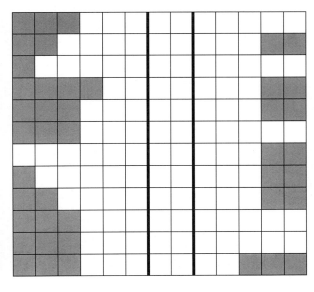

1. sie haben nicht gesucht
2. ich habe nicht verstanden
3. sie haben nicht angefangen
4. wir sind nicht geworden
5. ich habe nicht verlassen (Haus)
6. ihr habt nicht gemacht
7. du hast nicht zugeschaut
8. wir haben nicht gebracht
9. ich war nicht traurig
10. ihr habt nicht gegeben
11. sie sind nicht spazieren gegangen
12. er ist nicht angekommen

| Kapitel | 10 | Bölüm |

Übung 4
Hafta sonunda ne yaptılar?

Kapitel 10 Bölüm

Übung 5
Interviewen Sie Ihren Kurspartner!

Nerede doğdunuz?
Ne zaman doğdunuz?
Bu sabah kaçta kalktınız?
Dün akşam kaçta yattınız?
Hafta sonunda ne yaptınız?
Geçen tatilde ne yaptınız?
Nereye gittiniz?
Ne zaman döndünüz?
... beğendiniz mi?

Notieren Sie die Antworten:

2. 8. 1950 Köln'de doğdum ...

Stellen Sie die Ergebnisse dem Kurs vor:

... Bey 2. 8. 1950 Köln'de doğdu ...

Übung 6
Setzen Sie die Verben in der richtigen Form ein!

kalmak, gitmek, çekmek, beğenmek,
kalmak, almak, görmek,
varmak, kaybetmek, bulmak, dolaşmak

İzmir, 12. 8. 19 ...

Sevgili Meral,

iki hafta öne İstanbul'a _____. Türkiye çok güzel bir ülke, her şey çok ilginç, buradaki insalar çok sevimli. Birkaç cami ve müze _____. Bir hafta deniz kenarında ‹İnci› adında bir otelde _____. Kapalıçarşı'dan çok alışveriş _____, arkadaşlarım için hediye olarak bakır eşyalar _____. Parklarda _____ ve çok resim _____. Bakırköy'de pasaportumu _____ ama, sonra çok şükür _____. İstanbul'dan otobüsle İzmir'e _____. İzmir'deki cami ve müze çok _____. Yarın Bodrum'a gidiyorum.
Hepinize selam ve sevgilerimi gönderirim
            Ursula

Übung 7
Schreiben Sie Ihren türkischen Bekannten aus dem Urlaub einen Brief!

Sie können dabei über die Erlebnisse Ihres letzten Urlaubs berichten. Beispiele für Briefanfänge und Briefschlüsse finden Sie im Grammatikteil. Bitten Sie Ihren Kursleiter, den Brief zu korrigieren!

Kapitel 10 Bölüm

Übung 8

Suchen Sie die zu den Antworten passenden Fragen!

_____ ? Dün sinemaya gittik.

_____ ? Evet, hastaydım.

_____ ? Pazar günü televizyon seyrettim.

_____ ? Evet, taksiyle döndük.

_____ ? Hayır, yorgun değildik.

_____ ? Evet, evvelki gün Kapalıçarşıya gittim.

_____ ? Evet, Mehmet çok calışkandı.

_____ ? Film güzeldi.

_____ ? Annemi ziyaret ettik.

_____ ? Evet, evdeydik.

Übung 9

1. Fragen Sie Ihren Bekannten, was er am Wochenende gemacht hat!

2. Sagen Sie, daß Sie vorgestern ins Theater gegangen sind!

3. Fragen Sie Ihren Bekannten, ob er seinen Schlüssel gefunden hat!

4. Fragen Sie Ihren Bekannten, wann er aufgestanden ist!

5. Sagen Sie, daß es gestern viel geregnet hat!

6. Sagen Sie, daß Sie der Familie Koç noch nicht geschrieben haben!

7. Fragen Sie Ihren Bekannten, ob er die Karten noch nicht gekauft hat!

8. Sagen Sie, daß Sie letzte Woche krank waren!

9. Fragen Sie Ihren Bekannten, ob er gestern seine Freunde besucht hat!

10. Fragen Sie Ihren Bekannten, ob er gestern nacht nicht geschlafen hat!

11. Sagen Sie, daß Sie Sonntag zu Hause waren!

| Kapitel | 10 | Bölüm |

Übung 10
Mehmet çok değişti.

Geçen yıl Mehmet tembeldi, şimdi çok çalışkan.

_____ (küçük, büyük)
_____ (zayıf, şişman)
_____ (akılsız, akıllı)
_____ (üzgün, mutlu)
_____ (hasta, iyi)
_____ (terbiyesiz, terbiyeli)
_____ (sevimsiz, sevimli)
_____ (tuhaf, normal)

Übung 11
Bilden Sie Sätze und Fragen!

Übung 12
Erzählen Sie, wie Sie den gestrigen Tag verbracht haben!

... kalktım. Saat ... kahvaltı yaptım ...

Erzählen Sie, wie Ursula den gestrigen Tag in Istanbul verbracht hat!

  7.30 aufstehen
  8.00 im Hotel frühstücken
  8.30 mit dem Bus in die Stadt fahren
  9.00 ankommen, Museen besichtigen
12.00 in einem Fischrestaurant zu Mittag essen
13.30 das Restaurant verlassen, Moscheen besichtigen
16.00 in den überdachten Basar gehen, einkaufen
19.00 ins Hotel zurückkehren
19.30 zu Abend essen
20.00 im Zimmer Musik hören, einen Brief an die Mutter schreiben
22.00 zu Bett gehen

Übung 13

Bir gün bir adam elinde bir mektup tutup Hoca'ya der: «Bana bu mektubu okur musunuz?» Hoca okuma bilmez. Bunu göstermemek için der: «Bu mektup Arapçadır. Başkasına götür!» Adam şaşırır: «Kavuğunuz var. Nasıl olur bu, okumayı bilmiyorsun?» Hoca kavuğunu çıkarır ve der: «O zaman kavuğumu al ve mektubunu oku!»

1. Hoca okuma biliyor mu?
2. Mektup Arapça mıdır?
3. Adam neden şaşırır?
4. Hoca ona ne der?

Übung 14
Nazım Hikmet'in Yaşam Öyküsü

1902'de Selanik'te doğdu. Tam adı Nazım Hikmet Ran'dır. İlkokulu Göztepe-Taşmektep'te bitirdi. Lisede beş yıl okudu. 1921'de sağlık nedeniyle okuldan ayrıldı. Sonra Sovyetler Birliğin'e gitti. 1922'den 1924'e kadar Moskova Üniversitensi'nde iktisat ve toplumbilim okudu. 1924'te yurda döndü. Bir dergide şiirler yayınladı. Hükümet onu tutuklamak istedi. Bir süre cezaevinde yattı. İstanbul'da gazetecilik ve senaryoculuk yaptı. 1932'de yeniden hükümet onu tutukladı. ‹Orhan Selim› takma adıyla şiirler yazdı. Bu şiirlerle orduyu ayaklanmaya kışkırttı. Mahkeme onu 35 yıl hapis cezasına çarptırdı. Cezaevinde yazılar yazdı. 1950'de cezaevinden çıktı. Türkiye'den Moskova'ya gitti ve orada 1963'te öldü. Çok şiir, roman, oyun, fıkra ve çocuk kitapları yazdı.

1. Nazım Hikmet ne zaman doğdu?
2. Liseyi bitirdi mi?
3. Hangi üniversitede okudu?
   Ne okudu?
4. Cezaevinde neden yattı.
5. Ne olarak çalıştı?
6. Ne yazdı?

Übung 15
Hören Sie den Dialog zweimal und beantworten Sie die Fragen!

1. Sevda neden iyi değil?
2. Sevda saat kaçta telefon etti?
3. Meral neredeydi?
4. Sevda dün akşam ne yaptı?
5. Sevda hafta sonunda ne yaptı?

Kapitel 10 Bölüm

Vokabeln

varmak	ankommen
birkaç	einige
kenar	Ufer
bakır	Kupfer
olarak	als
resim çekmek	fotografieren
değişmek	sich ändern
tuhaf	seltsam
hafta sonu	Wochenende
geçen	vergangene(r)
zayıf	dünn
şişman	dick
üzgün	traurig
terbiyesiz	unerzogen
terbiyeli	wohl erzogen
sevimsiz	unfreundlich
gezmek	besichtigen
öğle yemeği	Mittagessen
akşam yemeği	Abendessen
Kapalıçarşı	überdachter Basar

Lesetexte

kavuk	Turban
sağlık nedeniyle	aus Gesundheitsgründen
ayrılmak	verlassen
kadar	bis
iktisat	Wirtschaft
toplumbilim	Soziologie
yurt	Heimat
dergi	Zeitschrift
şiir	Gedicht
yayınlamak	veröffentlichen
tutuklamak	verhaften
cezaevi	Gefängnis
gazeteci	Journalist
senaryocu	Drehbuchautor
hükümet	Regierung
takma adı	Pseudonym
orduyu ayaklanmaya kışkırtmak	zum Aufstand aufrufen
mahkeme	Gericht
hapis	Gefängnis
ceza	Strafe
ölmek	sterben
oyun	Theaterstück
fıkra	Anekdote

Kapitel 11 Bölüm

1) Wegbeschreibung

Den Weg können Sie auf zweierlei Weise erfragen:

Müze nerede?	Wo ist das Museum?
Affedersiniz, buradan müzeye nasıl giderim?	Entschuldigen Sie, wie komme ich (von hier) zum Museum?

Wichtige Redewendungen:

sağa, sola dönün	biegen Sie rechts, links ab
köprüyü/kavşağı/parkı geçin	gehen Sie über die Brücke/die Kreuzung/ durch den Park
üstgeçitten/altgeçitten/köprüden geçin	gehen Sie über die Überführung/durch die Unterführung/ über die Brücke
caddeyi/sokağı takip edin	folgen Sie der Straße
(dos)doğru gidin	gehen Sie geradeaus
köprüye/kavşağa/parka kadar gidin	gehen Sie bis zur Brücke/Kreuzung/zum Park
anacaddeye/ikinci sokağa sapın	biegen Sie in die Hauptstraße/zweite Straße ein

2) Die Postposition «ile»

Die Postposition *«ile»* steht für die deutsche Präposition „*mit*". Sie wird dem Bezugswort nachgestellt:

Tren ile gidiyorum.   Ich fahre mit dem Zug.

In der Regel wird die Postposition *«ile»* direkt an das Bezugswort angehängt. Dabei entfällt das *i*. Die Endung unterliegt der kleinen Vokalharmonie:

Trenle gidiyorum.   Ich fahre mit dem Zug.
Uçakla gidiyorum.   Ich fliege mit dem Flugzeug.

Endet das Bezugswort mit einem Vokal, wird ein *y* eingeschoben:

Gemiyle gidiyorum.   Ich fahre mit dem Schiff.

3) Befehlsform

Neben den in Kapitel 3 behandelten Befehlsformen gibt es noch weitere sehr gebräuchliche Befehlsformen:

gelsene	= komm doch		gelsenize	= kommt doch
atsana	= wirf doch		atsanıza	= werft doch

Diese Befehlsform unterliegt der kleinen Vokalharmonie.

4) Die Endung -ip

Die Endung *-ip* wird bei zwei (oder mehreren) Handlungen innerhalb eines Satzes verwendet, um die Wiederholung von gleichen Personal- und Zeitformendungen zu vermeiden:

Eve gelip çay içti.	Er kam nach Hause und trank Tee.
Ne durup bakıyorsun?	Was stehst du und schaust?
Doktor gelip Ayla'yı muayene etti.	Der Arzt kam und untersuchte Ayla.

Die Endung wird auch benutzt, um sich ständig wiederholende Handlungen auszudrücken:

Gelip gidiyor.	Er geht und kommt ständig.

Die Endung *-ip* unterliegt der großen Vokalharmonie. Endet ein Verbstamm mit einem Vokal, wird ein *y* eingeschoben:

oku/mak   oku/y/up
git/mek   gid/ip
gör/mek   gör/üp
al/mak   al/ıp

5) **Ne ... ne ... (weder ... noch)**

Ne ... ne ... gibt das deutsche weder ... noch ... wieder. Es kann mit oder ohne „de/da" gebraucht werden:

Ayla ne çay ne(de) kahve içiyor.	Ayla trinkt weder Tee noch Kaffee.

6) **... yerine (anstatt)**

Kahve yerine çay iç!	Trink Tee statt Kaffee!
Köfte yerine salata ye!	Iß Salat statt Köfte!

| Kapitel | 11 | Bölüm |

Übung 1
Zafer Karakuş iyi bir erkek değil.

Türkçe bilmiyor, Almanca da bilmiyor.
Ne Türkçe ne Almanca bilmiyor.

1. Derste dikkat etmiyor, ev ödevi de yapmıyor.
2. Öğretmeni dinlemiyor, müdürü de dinlemiyor.
3. Kitap okumuyor, gazete de okumuyor.
4. Annesine yardım etmiyor, babasına da yardım etmiyor.
5. Matematikle ilgilenmiyor, tarihle de ilgilenmiyor.
6. Ev ödevlerini yazmıyor, mektup da yazmıyor.

Übung 2
Pazar günü Ayşe'nin doğum günü var. Ailesi hangi hediyeyi alıyor?

📖	📼	Amcası kitap yerine kaset alıyor.
💍	⌾	Annesi _____.
📿	📕	Ablası _____.
👕	👗	Babası _____.
👗	🧥	Abisi _____.
💐	✏️	Teyzesi _____.

129

Kapitel 11 **Bölüm**

Übung 3
Erfragen und beschreiben Sie den Weg!

a) zur Polizeiwache   d) zum Reisebüro
b) zum Parkhotel   e) zum Museum
c) zum Gemüsehändler f) zum Busbahnhof

Übung 4
Beschreiben Sie Mehmets Weg!

Er geht vom Galatahotel zum Reisebüro, von dort zur Apotheke, dann zum Fischrestaurant und von dort ins Museum.

Übung 5
Ali'nin annesi ne söylüyor?

ev ödevi yapmak	Ev ödevini yapsana!
kitabı okumak	
pilavı yemek	
oyunları toplamak	
ekmek almak	
çayı içmek	
elmaları götürmek	
çiçekleri sulamak	
alışveriş yapmak	

Ögretmen ögrencilere ne söylüyor?

pencereleri kapatmak	Pencereleri kapatsanıza!
kitapları açmak	
hikâyeyi okumak	
buraya gelmek	
kompozisyon yazmak	
defterinizi vermek	
ev ödevleri yapmak	
okumayı başlamak	
oturmak	

Übung 6
Hakan arabasını arıyor.
Ona yolu tarif ediniz!

Kapitel 11 Bölüm

Übung 7
Verkürzen Sie, wenn möglich, die Sätze! Benutzen Sie die Endung -ip!

Ayşe ve Mehmet yazın Türkiye'ye gitti ve arkadaşlarını ziyaret ettiler. Bir hafta İstanbul'da kaldı ve müzeleri ve camileri gezdiler. Bankadan para aldı ve Kapalıçarşı'da alışveriş yaptılar. İstanbul'u çok beğendi ve bir hafta daha orada kaldılar. Fotoğraf makinesi aldı ve çok fotoğraf çektiler. Almanya'ya döndüler, Ayşe grip oldu.

Übung 8
Suchen Sie die versteckten Wörter!

S	R	Y	A	F	B	A	K	A	N	L	I	K	H	A	C	F	Z	G	H
F	R	A	Ö	Ğ	F	D	E	H	İ	K	Ö	P	R	Ü	İ	F	G	Z	Y
Y	A	A	L	M	A	N	İ	K	O	N	S	O	L	O	S	L	U	Ğ	U
İ	K	Ö	O	T	O	G	A	R	Ü	L	E	Y	Ü	Z	L	K	İ	N	D
S	İ	E	L	İ	Z	M	İ	Ş	A	K	A	V	Ş	A	K	G	L	İ	A
Y	A	N	E	H	A	V	A	L	İ	M	A	N	I	K	İ	Ç	B	R	E
V	Ö	E	Z	İ	S	O	R	U	N	Z	E	A	K	I	L	A	M	T	Y
I	M	Ç	İ	R	A	O	I	C	M	O	T	O	G	A	R	Ğ	I	K	L
N	Y	E	Z	O	İ	S	T	A	S	Y	O	N	K	Y	İ	C	H	E	İ
Ş	E	K	T	U	R	İ	Z	M	O	D	A	N	I	Ş	M	A	V	E	K
L	Ü	F	K	İ	Z	K	A	L	A	B	A	L	I	K	E	N	Ş	E	T
Ş	O	H	T	A	K	İ	P	O	E	T	M	E	K	O	M	D	R	S	K
N	E	Ğ	S	O	L	A	K	D	Ö	N	M	E	K	A	İ	L	D	R	E
M	I	Ü	Z	A	N	A	C	A	D	D	E	Ç	E	K	Ö	L	F	K	R
S	B	U	Ğ	R	A	M	A	K	G	K	L	R	E	N	Ü	N	L	İ	Ş
İ	Y	M	O	L	U	M	H	A	A	L	T	G	E	Ç	İ	T	H	A	R
P	S	İ	A	H	I	S	M	A	R	L	A	M	A	K	İ	Ş	G	E	R
A	N	S	Z	Z	E	L	İ	U	K	G	A	R	C	Ö	S	I	R	B	E
Ü	Ç	K	Ü	İ	D	Ü	N	Y	A	Ş	K	R	A	D	U	Ç	K	E	Ç
D	Ü	Ç	N	Ö	Ç	Ğ	U	N	L	E	R	K	E	N	L	K	İ	R	İ

Kapitel 11 Bölüm

Übung 9

Verkürzen Sie die Sätze unter Benutzung der Endung -ip!

Para al ve alışveriş yap! / Para alıp alışveriş yap!

1. Sola dönün ve hep annecaddeyi takip edin!
2. Şenol kalkar ve yüzünü yıkar.
3. Yüzünü yıkar ve kahvaltı yapar.
4. Meral Köln'e gitti ve arkadaşına uğradı.
5. Arkadaşına uğradı ve çarşıda güzel bir elbise aldı.
6. Mektubumu bitiriyorum ve akşam yemeği hazırlıyorum.
7. Biraz televizyon seyrettiler ve yattılar.
8. Bedya çay içiyor ve evden çıkıyor.
9. Mesut ağabeyine telefon ediyor ve bankaya gidiyor.
10. Alışveriş yapıyor ve ağabeyine uğruyor.
11. Erol devamlı gidiyor ve geliyor.
12. Fatma devamlı televizyon seyrediyor ve yemek yiyor.
13. Hasan devamlı çay iciyor ve fıstık yiyor.
14. Kocaları devamlı kâğıt oynuyor ve rakı içiyor.

Übung 10

1. Fragen Sie, wo die nächste Apotheke ist!

2. Jemand fragt Sie nach dem Weg. Sagen Sie ihm, daß er geradeaus gehen und in die dritte Straße nach rechts einbiegen soll!

3. Sagen Sie, daß Sie gestern Ayşe angerufen haben und dann bei ihr vorbeigegangen sind!

4. Fragen Sie, wie man zum Busbahnhof kommt!

5. Sagen Sie, daß Sie mit Ayşe sprechen wollen!

6. Sagen Sie Ihrem Bekannten, daß er Ihnen schreiben soll!

7. Sagen Sie Ihrem Bekannten, daß er in den Ferien zu Ihnen kommen soll!

8. Sagen Sie Ihren Bekannten, daß sie Ihnen die Bilder zeigen sollen!

9. Sagen Sie Ihren Bekannten, daß Ihr Mann ständig kommt und geht!

10. Sagen Sie, daß Sie weder Englisch noch Französisch sprechen!

11. Sagen Sie Ihrem Bekannten, er solle, anstatt einen Brief zu schreiben, telegraphieren!

12. Sagen Sie, daß Sie anstelle von Kaffee Tee trinken wollen!

Übung 11

Beschreiben Sie Ihren Weg zu der Schule, in der Ihr Kurs stattfindet!

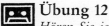

Übung 12

Hören Sie jeden der drei Dialoge zweimal und machen Sie von der Wegbeschreibung eine Skizze!

z. B. Postane nerede? – Caddeyi takip edip sağa dönün ve birinci caddeyi sola gidin. Postane sol tarafta.

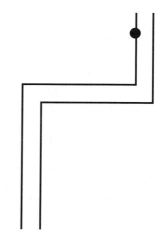

Beantworten Sie die Fragen!

1. Birinci adam nereye gitmek istiyor?
2. Kadın nereye gitmek istiyor?
3. İkinci adam nereye gitmek istiyor?

Kapitel 11 Bölüm

Übung 13
Lokantada

- Yemek listesini verir misiniz?
- Buyurun. Ne içersiniz?
- Ne var?
- Şarap, bira, rakı, ayran, maden suyu, meyva suları ... Ne arzu edersiniz?
- Hangi meyva suları var?
- Portakal, limon, vişne, şıra, karadut ...
- İyi bir kırmızı şarabınız var mı?
- Kavaklıdere Yakut, Villa Doluca, Buzbağ ... Hepsi iyidir.
- Villa Dolucayı biliyorum. Kavaklıdereyi deneyeceğim.
- Peki, efendim.
- Bir de maden suyu rica edeyim.
- Olur, efendim.
- Yemeklerden ne tavsiye edersiniz?
- Etli mevsim sebzeleri, döner bekap, şiş kebap, kuzu kapama ...
- Bana önce bir tabak meze, sonra da bir döner kebap getirir misiniz?
- Baş üstüne.
- Hesabı lütfen.
- Hemen. Mutfağımızı beğendiniz mi?
- Güzel.
- Buyurun, hesabınız efendim. Kasada ödeyebilirsiniz.

1. Adam, içmek için ne istiyor?
2. Hangi şarabı biliyor?
3. Yemek için ne istiyor?

Übung 14
Schreiben Sie eine Szene in einem Restaurant (in Gruppenarbeit) und führen Sie sie dem Kurs vor!

Übung 15
Bestellen Sie sich (schriftlich) etwas zu trinken und zu essen!

| Kapitel | 11 | Bölüm |

YEMEK LİSTESİ

Çorbalar

Kremalı domates çorbası
Tomatencremesuppe
Kremalı kuşkonmaz çorbası
Spargelcremesuppe
Yayla çorbası
Reissuppe

Çerezler

Zeytinyağlı yapraksarması
Gefüllte Weinblätter in Öl
Pastırma
Dörrfleisch
Fasulye pilâki
Bohnen in Öl
Rus Salatası
Russischer Salat

Soğuk etler

Karışık soğuk et tabağı
Gemische Fleischplatte, kalt
Tavuk söğüş garnili
Kaltes Huhn garniert
Soğuk rozbif garnili
Roastbeef garniert

Yumurtalar

Mantarlı omlet
Pilzomelette
Omlet patatesli
Kartoffelomelette
Tavuk ciğerli omlet
Omelette mit Hühnerleber

Pirinç ve hamur işleri

Tereyağlı pilav
Butterreis
Mantı
Türk. Ravioli in Joghurt
Spaghetti bolonez
Spaghetti mit Hackfleischsoße

Izgara etler ve rotiler

Piliç ızgara
Gegrilltes Hähnchen
Karışık ızgara
Gemischte Grillplatte

Suppen

Kremalı işkembe çorbası
Kuttelsuppe
Kremalı mantar çorbası
Pilzcremesuppe
Sebze çorbaları
Gemüsesuppe

Vorspeisen

Jambonlu kavun
Melone mit Schinken
Midye dolma
Gefüllte Muscheln
Beyaz peynir
Weißer Käse, Schafskäse
Beyin tava
Gebackenes Hirn

Kaltes Fleisch

Jambon garnili
Gekochter Schinken, garniert
Dil füme garnili
Zunge garniert
Kuzu veya dana rosto
Lamm- oder Kalbsbraten

Eierspeisen

Sahanda yumurta
Spiegelei
Rafadan yumurta
Weichgekochtes Ei
Sucuklu yumurta
Ei mit Wurst

Reis und Teigwaren

Börek çeşitleri
verschiedene Pasteten
Raviyoli
Ravioli
Talaş Kebap
Holzspän-Kebap

Gegrilltes und Gebratenes

Şiş kebap
Fleischspieß
Macar gulaş
Ungarisches Gulasch

Kuzu pirzola
Lammkotelett
Döner Kebap
Gegrilltes Fleisch am senkrechten Spieß

Salatalar

Karışık meyva
Salat der Saison
Karışık salata
Gemischter Salat

Tatlı ve Meyvalar

Karışık meyva
Früchtekorb
Kavun
Honigmelone
Karpuz
Wassermelone
Meyva salatası
Obstsalat

Etli sebzeler
Gemüse mit Fleisch
Ciğer tava veya ızgara
Leberschnitten gebraten oder gegrillt

Salate

Pancar turşusu
Rote-Bete-Salat
Çeşitli turşular
Mixed Pickles

Obst und Süßspeisen

Peşmelba
Pfirsich Melba
Kompostolar
Kompott
Dondurma
Eis
Muhtelif alaturka hamur tatlıları
türkische Mehlsüßspeisen

İçkiler
Getränkekarte

Bardakla satılan sert içkiler

Altınbaş Rakı
Anisschnaps
Kulüp Rakı
Anisschnaps
Likör Çeşitleri
Liköre
Beyaz şarap
Weißwein

Meşrubat ve az alkollü içkiler

Buzlu çay
Geeister Tee
Maden suyu sodası
Mineralwasser
Taze meyva suları
Frische Fruchtsäfte
Domates suyu
Tomatensaft
Ayran
Joghurtgetränk

Alkoholische Getränke

Binboğa Votka
Wodka
Konyak
Kognak
Tekel Bira
Bier
Kırmızı şarap
Rotwein

Alkoholfreie Getränke

Türk kahvesi
Türkischer Kaffee
Sütlü kahve
Milchkaffee
Çay servisi süt ile
Kännchen Tee mit Milch
Çay porselen bardakta
Tasse Tee
Limonata
Limonade

Kapitel 11 Bölüm

Vokabeln

ilgilenmek	sich interessieren
dikkat etmek	aufpassen
yardım etmek	helfen
kompozisyon	Aufsatz
fıstık	Nuß
Fransızca	Französisch

Lesetext

yemek listesi	Speisekarte
şarap	Wein
maden suyu	Mineralwasser
meyva suyu	Fruchtsaft
vişne	Kirsche
şıra	Traubensaft
karadut	blaue Maulbeere
denemek	probieren
deneyeceğim	ich werde probieren
etli mevsim sebzeleri	Saisongemüse mit Fleisch
kuzu kapama	Lammgericht gedünstet
bir tabak meze	ein Vorspeisenteller
baş üstüne	zu Befehl
hesap	Rechnung
kasada ödeyebilirsiniz	Sie können an der Kasse bezahlen

Kapitel 12 Bölüm

Orts- und Richtungsangaben		
Grundform	Angabe der Richtung 3. Fall	Angabe des Ortes 5. Fall
karşı	karşıya = auf die andere Seite, nach drüben	karşıda = gegenüberliegend, auf der anderen Seite
üst	üstüne = über, auf	üstünde = auf
alt	altına = unter, darunter	altında = unter, unterhalb
üzere	üzerine = auf, über	üzerinde = auf, über
yan	yanına = neben	yanında = neben
ön	önüne = vor, davor	önünde = vor, davor
arka	arkasına = hinter, dahinter	arkasında = hinter, dahinter
iç	içine = hinein	içinde = in, innen
orta	ortasına = mitten in	ortasında = mitten in
ara	arasına = zwischen	arasında = zwischen
etraf	etrafına = um ... herum, umher	etrafında = um ... herum

Bei der Substantivierung der Postpositionen wird die Endung *-i* angehängt. Sie richtet sich nach der großen Vokalharmonie. Endet das Wort mit einem Vokal, wird ein *s* eingeschoben:

Evin içi soğuk.   Das Innere des Hauses ist kalt.
Evin arkası güzel değil. (Das Hintere des Hauses ist nicht schön.) Hinter dem Haus ist es nicht schön.

Die Endungen zur Angabe der Richtung (3. Fall) und des Ortes *(-da)* werden an die substantivierte Form gehängt. Das Bezugswort steht bei den obengenannten Ortsangaben immer im besitzanzeigenden Fall (Genitiv):

masanın üstünde   = auf dem Tisch
kitapların arasında = zwischen den Büchern
kapının önüne   = vor die Tür

Weitere Wörter, die eine Richtung bzw. den Ort einer Person oder eines Gegenstandes angeben, sind:

Grundform	Angabe der Richtung 3. Fall	Angabe des Ortes 5. Fall
yukarı	yukarıya = nach oben	yukarıda = oben
aşağı	aşağıya = nach unten	aşağıda = unten
dışarı	dışarıya = nach draußen	dışarıda = draußen
içeri	içeriye = nach drinnen, hinein	içer(i)de = drinnen

Kapitel 12 Bölüm

Übung 1
Gazete nerede?

Masanın üstünde.

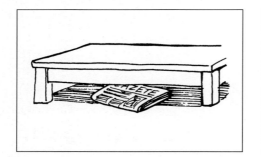

Kapitel 12 Bölüm

Übung 2
Mehmet sigaraları nereye koydu?

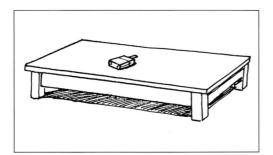
Masanın üstüne koydu.

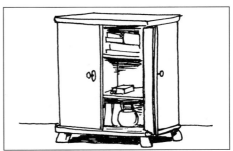

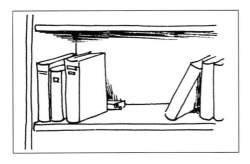

Übung 3
Was ist verschieden?

Masanın üstünde şişe yok . . .

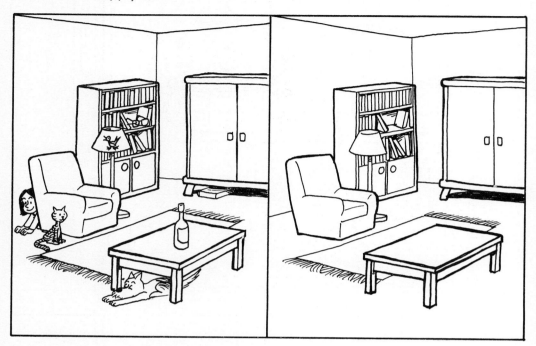

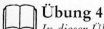 **Übung 4**
In dieser Übung geht es nicht darum, alles zu verstehen!!!
Unterstreichen Sie alle Wörter, die Sie kennen! Worum geht es in diesem Artikel?

Maskeli yaşam 28. 1. 91

İsrail'de herkes gaz maskesi kullanmaya alıştı. Çarşıya pazara boyunlarında ve ellerinde bu maskeleri ile çıkıyorlar . . . Her yere maskeyle gidiyorlar . . . Alarm çalmaya başladığı zaman da hemen başlarına maskelerini geçirip sığınaklara giriyorlar . . .

İsrail sabırlı

- İrak'ın dün gece de sürdürdüğü füze saldırılarına rağmen İsrail, ABD'nin yoğun baskısıyla şimdilik bir misillemeye yönelmiyor. Ancak İrak'a karşılık verme hakkını da saklı tuttuğunu yetkililerin ağzından açıklıyor.

| Kapitel | 12 | Bölüm |

Übung 5
Beschreiben Sie das Bild!

Übung 6
Welche Wörter stecken in den „Säcken"?

Übung 7
Ayşe oğlunu arıyor.

Yukarıda değil . . .

Übung 8
Beschreiben Sie Ihr Wohnzimmer! Ein anderer KT soll nach Ihren Angaben an der Tafel eine Zeichnung machen.

Übung 9
Setzen Sie die fehlenden Endungen ein!

1. Mehmet nereden geliyor? Kars_____ geliyor. On_____ baba_____ Konya_____ geliyor.

2. Kim_____ telefon ettiniz? Kardeş_____ telefon ettim.

3. Çakmağım nerede? Dolap_____ altında.

4. Onlar_____ haber verdin mi?

5. Sabahleyin ev_____ erken çıkıyor.

6. Bu konu_____ Mehmet ile konuştun mu?

7. Zeynep nereye gitti? Dışarı_____ gitti.

8. Bu cadde_____ takip edip sol_____ dönün!

9. İstanbul_____ beğendiniz mi?
10. Çocuklar ev_____ arka_____ top oynuyor.
11. Polis_____ sordunuz mu?
12. Ayşe_____ elbise_____ çok beğendim.
13. Belki arkadaşlarımız_____ ziyaret ederiz.
14. Hastayım. Öğleden sonra doktor_____ giderim.
15. Sigaralarım_____ nereye koydum? Bura_____, gazeteler_____ ara_____.
16. Pasaportum_____ bulamıyorum. Çantan_____ baktın mı?
17. Ayten_____ elbiseler_____ çok şık.
18. Murat dün Ankara_____ döndü.

Übung 10
Otelde

Resepsiyon: Buyurun, efendim.
Peter: Boş odanız var mı?
Resepsiyon: Hayır, maalesef tamamen doluyuz.
Peter: Lütfen başka bir otele telefon edip boş oda sorar mısınız?
Resepsiyon: Sorarım . . . Marmaris Otel'de boş odalar var.
Peter: Teşekkür ederim.

Peter: İki gece için tek kişilik bir oda istiyorum.
Resepsiyon: Nasıl bir oda istiyorsunuz? Duşlu mu yoksa banyolu mu?
Peter: Duşlu olsun.
Resepsiyon: Kahvaltılı mı, yarım pansiyonlu mu?
Peter: Yarım pansiyonlu olsun. Odayı görebilir miyim?
Resepsiyon: Tabii. Benimle gelin.
Peter: Bu oda hoşuma gitmiyor. Bir başkasını gösterin.
Resepsiyon: Bu nasıl?
Peter: Bu oda çok güzel. Bunu alıyorum. Oda kaça?
Resepsiyon: Bir gece için 20 000 lira. Kayıt formülünü doldurur musunuz?
Peter: Oldu. Bavulları odama gönderin, lütfen.

1. Marmaris Otel'de boş odalar var mı?
2. Peter nasıl bir oda istiyor?
3. Pasaportunu gösteriyor mu?
4. Kahvaltıyı nerede yapmak istiyor?
5. Oda onun hoşuna gidiyor mu?

Übung 11
Bestellen Sie nach Ihren Wünschen ein Zimmer in einem Hotel! Schreiben Sie auch auf, was die Rezeption sagt!

Benutzen Sie den Vokabelteil dieses Kapitels!

Spielen Sie die Szene im Kurs!

Übung 12
Orhan Kemal, Ekmek Kavgası

Dönüş

Gece on ikide kadın, kocası, oğlu ve kızçocuğu ile üç günlük tren yolculuğundan sonra istasyonda inerler.
İstasyonda bir köşede uyumaya çalışırlar. Bekçiden korkarlar. Belki onları oradan kovar.
Biraz uyurlar ve sonra bir bekçi onları kovar. İstasyondan giderler. Başka bir yerde uyumaya çalışırlar. Bu sırada kadın gençliğini hatırlar. Fabrikada çalışmıştı.

Merdivenieri yavaş yavaş indiler. İstasyon binasından dışarı çıktılar. Dışarda sıcak ve aydınlık bir gece, tertemiz gök ve kuvvetli ayın altında alt alta ve üst üste evler kalabalığı halinde şehir; şehir uyuyordu.
Adam, istasyon önünün sıcak betonu üstüne kızını yatırdı. Karısına bir şeyler söyledi. Sonra acele acele, istasyon binasından içeri girdi, bavulları, sepetleri dışarı taşıdı. İstasyonun ağır, demir kapısı arkasından gürültüyle örtüldü ve her şey tekrardan sustu.

1. Hava nasıldı?
2. Adam kadınla nereye gitti?
3. Adam kızını nereye yatırdı?
4. Bavullarını nereye taşıdı?
5. Gündüz müydü, gece miydi?

Übung 13
Hören Sie die Gespräche zweimal! Machen Sie eine Skizze von Peters Weg zum Restaurant und beantworten Sie die Fragen (benutzen Sie die Speisekarte aus Kap. 11!)!

1. Garson yemeklerden ne tavsiye ediyor?
2. Peter ordövr olarak ne yiyor?
3. Peter yemek olarak ne yiyor?
4. Peter tatlı olarak ne yiyor?
5. Peter ne içiyor?
6. Yemeği beğendi mi?

| Kapitel | 12 | Bölüm |

Übung 14

1. Sagen Sie, daß Sie nach oben gehen!

2. Sagen Sie, daß die Brille unter der Zeitung liegt!

3. Fragen Sie, wohin Sie die Bücher legen sollen!

4. Sagen Sie, daß Sie den Sessel neben den Schrank stellen wollen!

5. Bestellen Sie ein Doppelzimmer mit Dusche und Frühstück für drei Nächte!

6. Sagen Sie, daß Ihr Auto vor dem Haus Ihrer Bekannten steht!

7. Sagen Sie, daß Ihre Bekannte ihre Tasche dorthin stellen soll!

8. Fragen Sie Ihren Bekannten, wo er gestern gewesen ist!

9. Sagen Sie, daß Sie gestern in einer Ausstellung gewesen sind!

10. Fragen Sie, wo Ihre Kassetten sind! Antworten Sie, daß sie zwischen den Büchern liegen!

11. Sagen Sie, daß Sie Ihren Schlüssel verloren haben!

12. Fragen Sie, ob der Sessel neben dem Sofa stehenbleiben soll!

Übung 15

Bilden Sie Wörter und übersetzen Sie sie! Benutzen Sie den Vokabelteil dieses Kapitels!

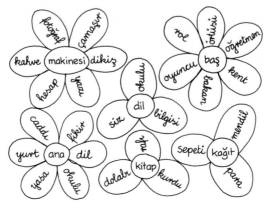

Kapitel 12 Bölüm

Vokabeln

kâğıt sepeti	Papierkorb
vazo	Vase
kedi	Katze
köşe	Ecke
şişe	Flasche
bardak	Glas
yatak	Bett
çamaşır	Wäsche
oyuncu	Schauspieler
rol	Rolle
örtü	Decke
kent	Stadt
bakan	Minister
mendil	Taschentuch
kurt	fig.: Mensch, der etwas genau kennt
raf	Regal
ana	Mutter, Haupt-
yurt	Heimat
yasa	Gesetz
fikir	Gedanke
bilgi	Belehrung, Kenntnis, Information

Leseübungen

Resepsiyonda	An der Rezeption
Boş odanız var mı?	Haben Sie noch Zimmer frei?
Hayır, maalesef tamamen doluyuz.	Nein, wir sind leider ganz belegt.
Lütfen başka bir otele telefon edip boş oda sorar mısınız?	Würden Sie bitte ein anderes Hotel anrufen und fragen, ob dort noch etwas frei ist?
Peki, nasıl bir oda istiyorsunuz?	Ja, was für ein Zimmer wünschen Sie?
tek kişilik bir oda	ein Einzelzimmer
çift yataklı bir oda	ein Zweibettzimmer
sakin bir oda	ein ruhiges Zimmer
güneşli bir oda	ein sonniges Zimmer
duşlu	mit Dusche
banyolu	mit Bad
balkonlu	mit Balkon
denize bakan/deniz manzaralı	mit Blick aufs Meer
cadde tarafında	straßenseitig gelegen
avlu/bahçe tarafında	hofseitig gelegen
Odayı görebilir miyim?	Kann ich das Zimmer ansehen?
Bu oda hoşuma gitmedi. Bir başkasını gösteriniz.	Dieses Zimmer gefällt mir nicht. Zeigen Sie mir ein anderes.
Bu oda çok güzel. Bunu alıyorum.	Dieses Zimmer ist sehr hübsch. Ich nehme es.
Bu oda . . . kaça?	Was kostet das Zimmer mit

Kapitel 12 Bölüm

kahvaltılı	Frühstück?
akşam/öğlen yemekli (yarım pansiyon)	Halbpension?
yemekli/tam pansiyon	Vollpension?
Her şey içinde mi?	Ist alles inklusive?
Çocuklara indirim var mı?	Gibt es eine Ermäßigung für Kinder?
Kayıt formülünü doldurur musunuz?	Wollen Sie bitte den Anmeldeschein ausfüllen?
Pasaportunuzu/hüviyetinizi görebilir miyim?	Darf ich Ihren Reisepaß/Personalausweis sehen?
Bavulları odama gönderin, lütfen.	Bitte lassen Sie das Gepäck auf mein Zimmer bringen.
Arabayı nereye koyabilirim?	Wo kann ich den Wagen abstellen?
Garajımıza/park yerimize.	In unserer Garage/auf unserem Parkplatz.

yolculuk	Reise
inmek	aussteigen
köşe	Ecke
uyumaya çalışmak	versuchen zu schlafen
bekçi	Wächter
kovmak	verjagen
gençlik	Jugend
hatırlamak	sich erinnern an
merdiven	Treppe
bina	Gebäude
aydınlık	Helligkeit; klar
tertemiz	vollkommen sauber
gök	Himmel
ay	Mond
yatırmak	legen
acele	schnell
bavul	Koffer
sepet	Korb
taşımak	tragen
ağır	schwer
demir	Eisen
gürültü	Lärm
örtülmek	geschlossen werden
tekrar	wieder
susmak	schweigen, verstummen

Kapitel 13 Bölüm

1) **Steigerung des Adjektivs**

Adjektive (Eigenschaftswörter: *güzel, büyük, akıllı* usw.) werden im Türkischen gesteigert, indem man «*daha*» bzw. «*en*» davorsetzt:

büyük – groß   güzel – schön
daha büyük – größer   daha güzel – schöner
en büyük – am größten   en güzel – am schönsten

Adjektive werden bei der Steigerung mit «*daha*» oft und bei der Steigerung mit «*en*» **immer** mit der besitzanzeigenden Endung der 3. Person Singular (Einzahl) oder Plural (Mehrzahl) versehen, wenn sie kein direktes Bezugswort haben:

Daha ucuzu var mı?   Gibt es Billigere?
En büyüğü sensin.   Du bist der Größte.

Will man Personen bzw. Gegenstände miteinander vergleichen, wird das Bezugswort, mit dem verglichen wird, mit der Endung «*den*» (kleine Vokalharmonie) versehen. Das Wort «*daha*» kann auch entfallen:

İsa Mustafa'dan (daha) büyük.   İsa ist größer als Mustafa.
Esme Gönül'den (daha) güzel.   Esme ist schöner als Gönül.

2) **... kadar**

«*kadar*» hat mehrere Bedeutungen. Es drückt einmal „*bis*" aus, und zwar sowohl in der räumlichen als auch in der zeitlichen Bedeutung.

Konser ona kadar sürüyor.   Das Konzert dauert bis zehn (Uhr).
Ankara'ya kadar gitti.   Er ist bis Ankara gefahren.

Zum anderen kann es bei Vergleichen benutzt werden. Es bedeutet dann „*so ... wie*":

Peter Ursula kadar Türkçe biliyor.   Peter kann soviel Türkisch wie Ursula.
Hasan Remzi kadar büyük.   Hasan ist so groß wie Remzi.

Beachten Sie, daß bei «*kadar*» in der Bedeutung von „*so ... wie ...*" das Bezugswort in der Grundform und bei «*kadar*» in der Bedeutung von „*bis*" das Bezugswort im Dativ steht.

3) **... hem ... hem (de)**

Die Bedeutung entspricht unserem „*sowohl ... als auch*":

Ursula hem İngilizce hem de Türkçe biliyor.
　　　　　　　　　　Ursula kann sowohl Englisch als auch Türkisch.

Das «*de*» kann auch weggelassen werden.

| Kapitel | 13 | Bölüm |

Übung 1
Vergleichen Sie!

Mehmet küçük.

Zafer Mehmet'ten daha büyük.

Ali en büyük.

En küçük ____ kim? _____

En büyük ____ kim? _____

En şişman ____ kim? _____

En zayıf   ____ kim? _____

En çirkin ____ kim? _____

En güzel   ____ kim? _____

Übung 2
Ayla güzel ve akıllı.   Ayla hem güzel hem de akıllı.

1. Ursula Türkçe ve Arapça öğreniyor.
2. Zafer'in İstanbul'da ve Essen'de evleri var.
3. Meral kitap ve gazete okuyor.
4. Ursula müzeleri ve camileri geziyor.
5. Zeynep çay ve maden suyu içiyor.
6. Serap piyano ve gitar çalıyor.
7. Mesut sabahları ve akşamları haberleri dinliyor.
8. Gönül televizyon seyrediyor ve örgü örüyor.

| Kapitel | 13 | Bölüm |

 Übung 3
Tatilde nereye gitmek, ne görmek istiyorsunuz?
(Benutzen Sie die Seite 129 im Lehrbuch!) Geben Sie mindestens je sechs Antworten!

Avusturya'ya gitmek istiyorum. Viyanya'yı görmek istiyorum . . .

 Übung 4

1. Selma Nurcan _____ kadar güzel.
2. Futbol maçı beş _____ kadar sürüyor.
3. İsmail Roma _____ kadar uçakla gitti.
4. Dört buçuk _____ kadar çalışıyorum.

5. Ali Mehmet _____ kadar akıllı değil.
6. Eğlence akşam _____ kadar sürüyor.
7. Zeynep Meral _____ kadar çalışkan mı?
8. Ursula bir Türk _____ kadar Türkçe biliyor.

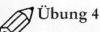 **Übung 5**
Schreiben Sie zu den Bildern eine Geschichte!

Kapitel   13   **Bölüm**

Übung 6
Beschreiben Sie die Familie (mindestens 8 Sätze)!

Ahmet Altunbaş	Ümmü Koç	Ayşe Demirel		İsa Koç	Mehmet Koç	Semra Öter

Jale Koç 16	Zeynep Koç 14	Mustafa Koç 12	Ali Koç 18

İsa Koç Jale'nin babası . . .

_____
_____
_____
_____

Übung 7

Ursula: Banka ne zaman açıyor?
Adam: Saat dokuzda.
Ursula: O zaman biraz beklerim.
_____

Memur: Buyurun, efendim.
Ursula: Bu seyahat çekini bozdurmak istiyorum. 100 mark için kaç lira alırım?
Memur: 100 mark için 270 000 lira alırsın. Pasaportunuzu görebilir miyim?
Ursula: Buyurun.
Memur: . . . Şurayı imzalar mısınız, lütfen? . . . Kasaya gidin, lütfen.
Ursula: Kasa nerede?
Memur: Sol tarafta, köşede.
_____

Memur: Parayı nasıl istersiniz?
Ursula: Lütfen beş tane bin lira verin, gerisini bozuk para.

Übung 8
Schreiben Sie einen Dialog in einer Bank! Benutzen Sie den Vokabelteil dieses Kapitels! Spielen Sie die Szene im Kurs!

Kapitel 13 Bölüm

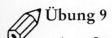
Übung 9

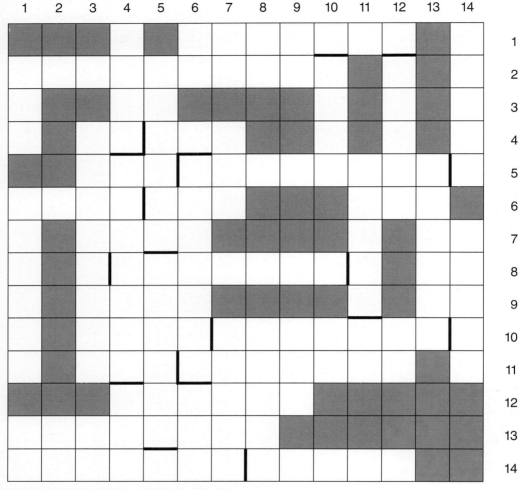

(die erste Zahl steht für waagerecht, die zweite für senkrecht)

waagerecht

- 6,1 ziemlich
- 1,2 Antarktis
- 5,4 viel, sehr
- 6,5 du hast recht
- 1,6 gemäß
- 4,8 Engländer
- 7,10 ordentlich
- 4,12 hier
- 1,13 von guter Qualität
- 1,14 notwendig
- 8,14 Frau
- 1,14 Italiener
- 6,11 Getränke

senkrecht

- 1,2 unter
- 1,6 vermutlich
- 3,4 dunkel
- 4,1 Teppich
- 4,5 anders
- 5,2 Rezept
- 5,8 abweisend
- 6,5 welcher, welche, welches
- 7,4 wieviele
- 10,2 Schmerz
- 12,2 notwendig
- 13,5 wo ist es?
- 14,1 günstig, passend
- 14,7 sonst
- 11,5 Fahrt
- 11,10 was

154

Kapitel 13 Bölüm

Übung 10
Schreiben Sie nach den Stichworten einen Dialog!

- Sie besuchen Ihre türkischen Freunde
- Sie wollten sie gestern besuchen, aber sie waren nicht zu Hause *(evde yoktunuz)*
- Sie sprechen über das Wetter, heute und gestern
- Sie bewundern das neue Auto
- Sie erzählen, daß Sie letzte Woche die Familie Kartal besucht haben
- Ihre Freunde fragen, wie es der Familie Kartal geht
- Sie fragen, ob Ihre Freunde mit Ihnen Sonntag essen gehen wollen
- Sie werden gefragt, wie es Ihren Kindern geht
- Sie werden gefragt, wohin Sie im Urlaub fahren wollen
- Sie werden gefragt, wo Sie im letzten Urlaub waren, wie es war

Übung 11

1. Sagen Sie, daß Sie bis drei (Uhr) arbeiten!

2. Sagen Sie, daß Sie sowohl Englisch als auch ein bißchen Türkisch können!

3. Sie kaufen einen Pullover. Fragen Sie, ob es größere gibt!

4. Sagen Sie, daß die größte Stadt Deutschlands Berlin ist!

5. Sagen Sie Ihrem Bekannten, daß er langsamer gehen soll!

6. Sagen Sie, daß Ihre Tochter fleißiger als Ihr Sohn ist!

7. Fragen sie, ob es keinen billigeren Käse gibt!

8. Sagen Sie, daß Stefan der Größte in Ihrem Kurs ist!

9. Sagen Sie, daß Istanbul die schönste Stadt der Türkei ist!

10. Fragen Sie Ihren Bekannten, ob er vorher schon einmal nach Kars gefahren ist!

11. Fragen Sie, welches von den Büchern interessanter ist!

12. Sagen Sie Ihrem Bekannten, daß Ihre Wohnung kleiner als seine ist!

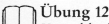

Übung 12
Um welches Thema geht es in diesem Zeitungsartikel?
Benutzen Sie Ihr Wörterbuch! (Schlagen Sie so wenig Wörter wie möglich nach!)

Memnun döndüler

Orta dereceli okullarda okuyan Türk öğrencilere din dersleri programı hazırlamak ve gelecek yıl öğretim yılında bunları uygulamak amacıyla Köln'de düzenlenen seminere katılan öğretmenler, seminerden memnun kaldılar.

NRW öğretmenleri, din görevlileri ile işbirliği yapıyor

● Türk öğretmenlerinden oluşan bir heyet Köln'de Diyanet İşleri Türk İslam Birliği'ni ziyaret etti.

Halil ANTEPLİ
KÖLN. *(Hürriyet)*

KUZEY Ren Vestfalya Eyaleti Kültür Bakanlığının Türk öğretmenleri için düzenlediği "Islam dini eğitim semineri"ne katılan Türk öğretmenler DİTİB'i ziyaret etti. Seminer yöneticilerinden Hans-Peter Höfer ve Hans-Peter Kündiger'in de aralarında bulunduğu 25 kişilik heyet çalışmalar hakkında bilgi aldı.

Ziyaretin ilk bölümünde, eğitim uzmanı **Mehmet Özdemir** DİTİB'in kültürel ve sosyal çalışmaları hakkında bilgi verdi. Daha sonra heyet, konferans salonu, cami, kütüphane ve kursların yapıldığı salonları gezdi, Konuklara ikram ettikleri öğle yemeğinden sonra, heyetin çeşitli sorularını cevaplayan Başkan **Nuri Gürsoy** şunları söylödi: "Birliğimiz Almanya'daki din hizmetlerinin muhatabı olsun diye 1981 yılında kuruldu. 1985 yılında ise bu bina hizmete girdi. Birliğimizin 90 kişilik yürütme, 7 kişilik Denetleme Kurulu üyesi bulunmaktadır. Birliğimizin Denetleme Kurulu Başkanı T.C. Diyanet İşleri Başkanıdır. Diğer üyelerimiz, Köln Başkonsolosluğu ve komşu ülkelerdeki Türk Büyükelçileridir. Birliğimizde, dikiş, halıcılık, bilgisayar, daktilo, dil ve ev ödevlerine yardım kurslarını idare eden 52 öğretmen görev yapmaktadır. Ayrıca birliğimize bağlı 400 cami derneği bulunuyor. Bunlardan ayda 100 mark aidat alıyoruz. Öte yandan öğretmenlerimizle her zaman uyum içindeyiz. T. C. yasaları doğrultusunda çalışan tek kuruluş biziz."

Heyetin başkanı **Celaletin Ağırbaş** ise, ziyaretlerinde islam dini ile ilgili çalışmaları inceleme olanağını bulduklarını vurgulayarak "İlkokullarda okutulan din dersleri kitap serisini bu salonlarda hazırladık. Öğretmenlere yardımcı olacak en güvenilir kuruluş DİTİB'tir. Bizim de amacımız öğretmen din adamı yakınlaşmasını sağlamaktır." dedi.

| Kapitel | 13 | Bölüm |

Übung 13
Hören Sie den Dialog zweimal und beantworten Sie die Fragen! Bei der Beantwortung der 3. und 4. Frage können Sie die Speisekarte aus dem 11. Kapitel benutzen.

1. Ali ve Meral nereli?
2. Renate ve Peter İzmir'e uğradı mı?
3. Ne içiyorlar?
4. Ne yiyorlar?
5. Peter, Renate, Ali ve Meral nerede çalışıyor?
6. Nerede oturuyorlar?
7. Çocukları var mı?
8. Peter Ali'yi davet ediyor mu?
9. Ali Peter ve Renate'yi davet ediyor mu?

Übung 14
Bencil Dev (frei nach Oscar Wilde)

Devin bir bahçesi vardı. Bahçe çiçekler ve meyve ağaçları ile doluydu. Çocuklar her akşam bu bahçede oynarlardı. Bir gün dev onları gördü ve kovdu. Bahçesinin duvarına, şöyle yazdı: GİRMEK YASAK. Çocuklar çok üzüldü.
İlkbahar geldi. Bütün bahçeler çiçeklendi. Yalnız Bencil Devin bahçesinde mevsim daha kıştı. Kuşlar da bahçesine gelmedi. Bencil Dev pencerenin önünden soğuk bahçesine bakıyordu. «Anlamıyorum, bahar niçin bu kadar gecikti.»

Ne bahar geldi ne yaz. Bir sabah Dev tatlı bir müzik duydu. Bir kuş ötüyordu. Dev çoktan beri kuş sesi duymamıştı. Pencereden baktı ve bahçede her ağaçta bir çocuk gördü. Çiçekler gülüyordu. Bahçenin yalnız bir köşesinde daha kış vardı. Orada küçük bir çocuk ağlıyordu. Ağaçlara erişemiyordu. Dev şimdi anladı: «Bahar sadece çocuklar için geliyor. Bahçem çocukların oyun yeri olsun.» Bahçesine çıktı ama, çocuklar korktu ve kaçtı. Bahçesine yine kış geldi. Küçük çocuk kaçmadı. Dev çocuğu ağacın üstüne koydu. Ağaç hemen çiçeklendi, kuşlar ötüştü, çocuk Devi öptü. Öteki çocuklar da geldi. Onlarla birlikte bahar da geldi. Yıllar geçti. Bir gün Dev çiçekli ağacın altında öldü.

1. Devin bahçesinde ne vardı?
2. İlkbahar devin bahçesine neden gelmedi?
3. Bir sabah ne oldu?
4. Nasıl müzik duydu?
5. Dev çoktan beri ne duymadı?
6. Pencereden ne gördü?
7. Küçük çocuk neden ağladı?
8. Dev ne yaptı?
9. Çocuklar neden kaçtı?
10. Dev nerede öldü?

Kapitel 13 Bölüm

Vokabeln

kaşık	Löffel	kızdırmak	anheizen
ufak	klein	dökmek	schütten
tava	Pfanne	kırmak	zerbrechen
hafif	schwach	beyazlaşmak	weiß werden
ateş	Feuer, Flamme		

Lesestücke

Para değiştirecek bir yer var mı burada?	Gibt es hier ein Wechselbüro?
Banka ne zaman açıyor/kapatıyor?	Wann öffnet/schließt die Bank?
Mark (Şilin, İsviçere frankı) karşılığında Türk lirası istiyorum.	Ich möchte DM (Schilling. Schweizer Franken) in türkische Pfund umwechseln.
Bugün değiştirme kuru nasıl?	Wie ist heute der Wechselkurs?
100 marka kaç lira alırım?	Wieviel Pfund bekomme ich für 100 DM?
Bu seyahat çekini/Evroçeki bozdurmak istiyorum.	Ich möchte diesen Reisescheck/ Euroscheck einlösen.
Pasaportunuzu görebilir miyim?	Darf ich bitte Ihren Paß sehen?
Hüviyetinizi görebilir miyim?	Darf ich Ihren Ausweis sehen?
Şurayı imzalar mısınız, lütfen?	Würden Sie bitte hier unterschreiben?
Kontoma/Benim için para havale edildi mi?	Ist Geld auf mein Konto/für mich überwiesen worden?
Kasaya gidiniz, lütfen.	Gehen Sie bitte zur Kasse.
Parayı nasıl istiyorsunuz?	Wie wollen Sie das Geld haben?
Yalnız kâğıt para/banknot, lütfen.	Bitte nur Scheine.
Biraz da bozuk para.	Auch etwas Kleingeld.
Lütfen üç tane biner liralık veriniz, gerisini bozuk para.	Geben Sie mir bitte drei 1000-Pfund-Scheine und den Rest in Kleingeld.

dev	Riese	erişemiyordu	er konnte nicht erreichen
ağaç	Baum	sadece	nur
dolu	voll	korkmak	Angst haben
yasak	verboten	kaçmak	weglaufen
üzülmek	traurig sein	ötekiler	die anderen
çiçeklenmek	blühen	birlikte	zusammen
bencil	egoistisch	geçmek	vorbeigehen
gecikmek	sich verspäten	ölmek	sterben
ötmek	zwitschern		
ağlamak	weinen		

Kapitel 14 Bölüm

1) Die Adverbien *belki* (vielleicht), *herhalde* (wahrscheinlich) und *kesin* (endgültig, definitiv, bestimmt) stehen meistens vor ihrem Bezugswort:

Kesin bilmiyorum.	Ich weiß es nicht bestimmt.
Ali bana belki uğrar.	Ali kommt vielleicht bei mir vorbei.
Ali herhalde hasta.	Ali ist wahrscheinlich krank.

2) Die Konjunktion *«çünkü»* entspricht dem deutschen „weil". Der Satz mit *«çünkü»* enthält die gleiche Satzstellung wie ein Hauptsatz:

İşe gitmedi çünkü hasta.	Er ist nicht zur Arbeit gegangen, weil er krank ist.
Üşüyorum çünkü hava çok soğuk.	Ich friere, weil es sehr kalt ist.

3) Die *Post*positionen (sie stehen *nach* dem Bezugswort, nicht wie die deutschen *Prä*positionen *vor* dem Bezugswort) *beri* (seit), *önce* (vor) und *sonra* (nach) erfordern ein Bezugswort mit der Endung *-den* (kleine Vokalharmonie) bzw. der Endung *-ten* nach harten Konsonanten:

Okuldan sonra top oynuyorlar.	Nach der Schule spielen sie Ball.
Sabahtan beri çalışıyor.	Seit morgens arbeitet er.
Kurstan önce yemeğe gidelim.	Gehen wir vor dem Kurs essen!

Kapitel 14 Bölüm

Übung 1
Bilden Sie Sätze und übersetzen Sie sie!

Salıdan beri telefon etmedi.
...

Übung 2
Bilden Sie Sätze!

Kapitel 14 **Bölüm**

Übung 3
Bilden Sie aus den passenden Sätzen einen Satz! Verwenden Sie «çünkü»!

Tiyatroya gitmiyorum. Çok pahalıydı.
Mehmet bugün yemiyor. Hava çok kötü.
Size bugün uğramayız. Hastaydı.
Zeynep bugün geç geldi. Zayıflamak istiyor.
Elbiseyi almadım. Oyun sevmiyorum.
Türkçe öğreniyoruz. Zamanımız yok.
Evde kalıyorum. Treni kaçırdı.
Dün işe gitmedi. Türkiye'ye gitmek istiyoruz.

Übung 4
Benutzen Sie einen Würfel und je einen Spielstein! Wer falsch antwortet, muß an seinen vorherigen Platz zurück. Spielen Sie jeweils zu zweit!

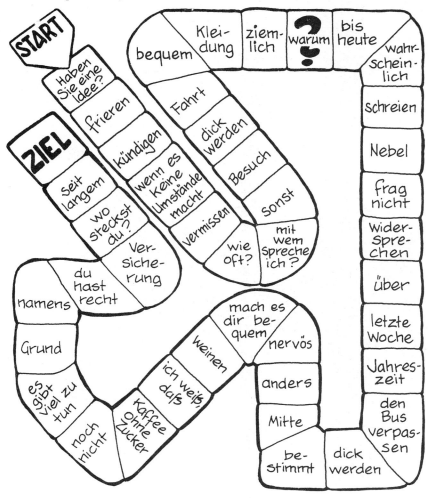

| Kapitel | 14 | Bölüm |

Übung 5
Beantworten Sie die Fragen! Stellen Sie auch Ihrem Kurspartner diese Fragen!

1. Ne zamandan beri Türkçe öğreniyorsunuz?
2. Türkçe neden öğreniyorsunuz?
3. İşiniz kaçta başlıyor?
4. Ne zamandan beri sinemaya gitmediniz?
5. Dersten sonra nereye gidiyorsunuz?
6. Dersten önce ne yaptınız?
7. Tatilde geçen yıl nereye gittiniz?
8. Hafta sonunda ne yaptınız?
9. Evinizin kaç odası var?
10. Evinizde ne zamandan beri oturuyorsunuz?

Übung 6
Schreiben Sie zu den Bildern eine Geschichte! Benutzen Sie Ihr Wörterbuch!

Übung 7
Stellen Sie zu den hervorgehobenen Wörtern Fragen!

1. Çocuklar *bahçede* top oynuyor.
2. Ülkü *iki haftadan* beri hasta.
3. Pazar günü *İstanbul'a* gideriz.
4. Dün *bana* uğradı.
5. *Müdür Bey'le* görüşmek istiyorum.
6. İki hafta *ablamda* kalırım.
7. *Cuma günü* sinemaya gideriz.
8. *Hayriye* Almanca anlamıyor.
9. Televizyon seyretmiyor *çünkü gözleri ağrıyor.*
10. Konser saat *10.30*'ta bitiyor.
11. *Hastayım.*
12. *Param* yok.
13. *Çay* istiyorum.
14. *Uçakla* gittim.

Übung 8
Ordnen Sie den Uhren die Uhrzeiten zu!

a) dokuzu yirmi beş geçiyor
c) on ikiyi on geçiyor
e) dokuza yirmi beş var
g) ikiyi çeyrek geçiyor

b) üçü yirmi geçiyor
d) on biri beş geçiyor
f) ikiye çeyrek var
h) on ikiye on var

163

| Kapitel | 14 | Bölüm |

Übung 9

1. Fragen Sie, wann Ali wohl kommen wird!

2. Fragen Sie, warum Ihr Bekannter nicht ins Kino gehen will!

3. Sagen Sie, daß Sie nicht kommen können, weil sie krank sind!

4. Sagen Sie, daß Sie es definitiv nicht wissen!

5. Sagen Sie, daß Sie wahrscheinlich heute abend kommen!

6. Sagen Sie, daß Sie keine Zeit haben!

7. Fragen Sie Ihren Bekannten, wo er steckt!

8. Sagen Sie, daß Sie, wenn es keine Mühe macht, einen Kaffee mit Milch wollen!

9. Sagen Sie Ihrem Bekannten, daß Sie nach der Arbeit bei ihm vorbeikommen!

10. Sagen Sie, daß Sie seit 3 Tagen krank sind!

11. Sagen Sie, daß Sie heute abend vielleicht ins Theater gehen!

12. Sagen Sie, daß Sie sich vor dem Abendessen treffen wollen!

Übung 10

Ursula: En yakın otobüs durağı nerede?
Adam: Buradan sola gidin. Otobüs durakları sol ve sağ taraftadır. Hangi istikamete gidersiniz?
Ursula: Bakırköy'e gitmek istiyorum.
Adam: O zaman sol tarafta beklersiniz.
Ursula: Bakırköy'e hangi numara gidiyor?
Adam: Bilmiyorum ki, otobüs şoförüne sorun.
Ursula: Teşekkür ederim.

Ursula: Bakırköy'e gider misiniz?
Otobüs şoförü: Evet, gideriz.
Ursula: Bakırköy'e bir bilet, lütfen. Oraya gelince söyler misiniz, lütfen?
Otobüs şoförü: Söylerim.

| Kapitel | 14 | Bölüm |

Ursula: En yakın taksi durağı nerede?
Adam: İstasyonun önünde . . .
Ursula: Marmaris Oteli'ne, lütfen.
  Gidiş kaça?
Taksi şoförü: 4000 lira.
Ursula: 3000 lira olmaz mı?
Taksi şoförü: 3500 lira.
Ursula: Oldu . . .
Ursula: Teşekkür ederim. Bu size.

Übung 11
Schreiben Sie zwei Dialoge: Sie fahren mit dem Bus zum Taksimplatz. Sie fahren mit dem Taxi zur Süleyman Moschee. Spielen Sie die Szenen!

Übung 12
Nennen Sie das Thema des Zeitungsartikels!

Irak, İsrail'e yine Scud attı

TEL AVIV, (Hürriyet)   18. 2. 91

İSRAİL curmatesi akşamı Irak'ın SCUD füzelerine yine hedef oldu. İsrail askeri yetkilileri, Irak tarafından iki adet SCUD gönderildiğini, ancak füzelerin herhangi bir zarara yol açmadıklarını bildirdi. Sansürden dolayı SCUD'ların nereve düştükleri veya Patriot füzeleri tarafından havada yakalanıp, yakalanamadıklarına dair kesin bir haber alınamadı.

Ajanslar ise, saldırıyla ilgili çelişkili haberler geçtiler. Fransız **AFP** ajansı, savaşın başlamasından bu yana İsrail'e yapılan 14. SCUD saldırısından ülkenin güney bölgelerinde zararın meydana geldiğini duyururken, Alman Haber Ajansı **DPA**, SCUD'ların Patriotlar tarafından havada yakalandıklarını, füze parçalarının da boş bir araziye düştüğünü bildirdi.

Bağdat Radyosu ise gönderilen SCUD sayısının 4 olduğunu ileri sürdü. Radyo, üç SCUD'un Dimona kentinde bulunan ve askeri amaçla kullanılan bir atom santralına düştüğünü öne sürdü. Diğer füzenin de liman şehri Hayfa'ya düştüğü bildirildi.

Bağdat Radyosu, ABD ve müttefik güçlerin pazar sabahı başlattığı bombalama harekatına uçaksavarlarla karşılık verildiğini ve 4 düşman uçağının düşürüldüğünü öne sürdü. Bu arada Suudi Arabistan'da sürgünde bulanan eski Irak Genelkurmay Başkanı **Hasan El Nakib**, Saddam Hüseyin'in artık can çekişmeye başladığını iddia etti. "Saddam'ı benden iyi tanıyan yoktur" diyen El Nakib, "Irak diktatörü savaşı kaybedeceğini anlayınca, ABD ve müttefik güçlere şartlı öneriler getirdi. Saddam, adeta poker oyunundaki gibi blöf yapıyor. Irak'ın baş belası bu adamın sonu iyice yaklaştı" şeklinde konuştu.

Kapitel 14 Bölüm

Übung 13
Schreiben Sie ein Telefongespräch!

- Sie wollen mit Ali Güneş sprechen
- Er ist nicht da
- Sie fragen, wann er zurückkommt
- Sie werden gefragt, ob Sie eine Nachricht hinterlassen wollen
- Sie lassen ausrichten, daß Sie angerufen haben

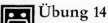

Übung 14
Hören Sie das Gespräch zweimal! Beantworten Sie die Fragen!

1. Adamı kim davet etti?
2. Hediye olarak ne götürmek istiyor?
3. Fotoğraf makinesini kime vermek istiyor?
4. Arkadaşı ne iş yapıyor?
5. Arkadaşının kaç çocuğu var?
6. Arkadaşı nereli?
7. Arkadaşının karısı çalışıyor mu?
8. Nerede oturuyorlar?

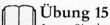

Übung 15
Lesen Sie den Text und beantworten Sie die Fragen!

Ramazan Bayramı

Müslümanların üç günlük bayramıdır. Müslümanlar bunu oruç ayının sonunda kutlarlar.

Ramazan Bayramı'nın üç ayrı özelliği vardır:

1. Müslümanlar bu bayramda zekat verirler.
2. Bu bayram görüşme, barışma ve hediyeleşme günüdür.
3. Müslümanlar bu bayramda yakınlarının mezarlarını ziyaret ederler.

Bu bayramda müslümanlar şeker hediye ederler. Onun için bu bayrama Şeker Bayramı da denir. Büyükler küçüklere hediye verir.

1. Ramazan Bayramı'na ne denir?
2. Ramazan Bayramı ne zamandır?
3. Bu bayramda müslümanlar ne yaparlar?

Kapitel 14 Bölüm

Vokabeln

Otobüs, Tramvay, Dolmuş

...'a/e hangi otobüs/tramvay gider?

Affedersiniz, en yakın otobüs/dolmuş durağı nerede?
...'a/e hangi numara gidiyor?
Hangi istikamete gitmem lazım?
Kaç durak var?
Nerede inmem/aktarma yapmam lazım?
Oraya gelince, söyler misiniz lütfen.
...'a/e bir bilet lütfen.
Dört günlük bir turist bileti lütfen.

Taksi

En yakın taksi durağı nerede?
İstasyona.
... oteline.
... caddesine.
...'a/e, lütfen.
...'a/e gidiş kaça?
Bu size.

Bus, Straßenbahn, Sammeltaxi

Welcher Bus/welche Straßenbahn fährt nach ...?
Bitte, wo ist die nächste Bus-Haltestelle/Sammeltaxi-Haltestelle?
Welche Linie fährt nach ...?
In welche Richtung muß ich fahren?
Wie viele Haltestellen sind es?
Wo muß ich aussteigen/umsteigen?
Sagen Sie mir bitte, wenn wir dort sind.
Bitte, einen Fahrschein nach ...
Bitte eine Touristenkarte für 4 Tage.

Taxi

Wo ist der nächste Taxistand?
Zum Bahnhof.
Zum ... Hotel.
In die ... Straße.
Nach ..., bitte.
Wieviel kostet es nach ...?
Das ist für Sie.

bayram	Fest, Feiertag
müslüman	Muslim
oruç	Fasten
ay	Monat
kutlamak	feiern
ayrı	verschieden
özellik	Eigenschaft, Eigenart
zekat	Almosen
barışmak	versöhnen
hediyeleşmek	beschenken
yakın	Angehöriger
mezar	Grab

Kapitel 15 Bölüm

1) **Müssen/sollen**

   Das deutsche „*müssen*" bzw. „*sollen*" kann im Türkischen auf zweierlei Weise wiedergegeben werden:

   a) An das Wort *zorunda* werden die personenanzeigenden Endungen gehängt:

çalışmak zorunda/y/ım	ich muß arbeiten
çalışmak zorunda/sın	du mußt arbeiten
çalışmak zorunda	er muß arbeiten
çalışmak zorunda/y/ız	wir müssen arbeiten
çalışmak zorunda/sınız	ihr müßt arbeiten, Sie müssen arbeiten
çalışmak zorundalar	sie müssen arbeiten

   b) Die Endung *meli/malı* wird an den Verbstamm gehängt und mit den personenanzeigenden Endungen versehen:

kal/malı/y/ım	söyle/meli/y/im
kal/malı/sın	söyle/meli/sin
kal/malı	söyle/meli
kal/malı/y/ız	söyle/meli/y/iz
kal/malı/sınız	söyle/meli/siniz
kal/malı/lar	söyle/meli/ler

   Die Verneinung erfolgt mit Hilfe der Silbe *me* bzw. *ma*:

söyle/me/meli/sin	du darfst/sollst nicht sagen
yap/ma/malı/y/ız	wir dürfen/sollen nicht machen
kal/ma/malı/y/ım	ich darf/soll nicht bleiben

2) **Ich denke daran zu ...**

   Die Aussage „*Ich denke daran zu ...*" wird im Türkischen anstatt mit dem Infinitiv mit dem Akkusativ des Infinitivs wiedergegeben:

kalmayı düşünüyorum	ich denke daran zu bleiben
gitmeyi düşünüyorum	ich denke daran zu gehen

| Kapitel | 15 | Bölüm |

Übung 1
Ayşe Hanım'ın çok işi var. Ne yapmalı?

Bankaya gitmeli ...

Wie kann man es noch anders ausdrücken?

Übung 2
Öğretmen öğrencilere ne söylüyor?

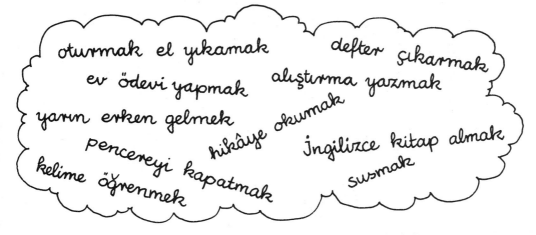

Oturmalısınız. Oturmak zorundasınız ...

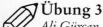

Übung 3
Ali Gürcan hasta. Doktor ona ne söylüyor?

Kahve içmemelisiniz! . . .

Übung 4
Gürcan'lar izine gitmek istiyor. Ne yapmalılar?

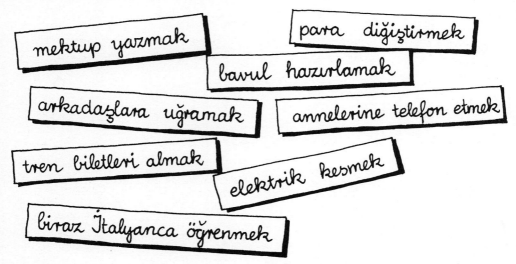

Übung 5
Stellen Sie Fragen!

Yarın Essen'e gitmek zorundayım. Yarın Essen'e gitmek zorunda mısın?

Doktora gitmek zorundayız.
Bu akşam evde kalmak zorunda.
Şeflerine sormak zorundalar.
Öğleden sonra alışveriş yapmak zorundayız.
Sigarayı bırakmak zorundayım.
Bugün mektup yazmak zorundalar.
Zayıflamak zorunda.
Erken kalkmak zorundayım.

Kapitel 15 **Bölüm**

Übung 6
Ne yapmayı düşünüyorsunuz?

Çok yorgunsunuz. _____ (erken yatmak)

Şişmansınız. _____ (zayıflamak)

Hastasınız. _____ (doktora gitmek)

Geç oldu. _____ (eve dönmek)

Canınız sıkılıyor. _____ (film seyretmek)

Canınız sıkılıyor. _____ (arkadaşlara uğramak)

Karnınız aç. _____ (bir şey yemek)

Susadınız. _____ (bir şey içmek)

Übung 7
Welche Wörter stecken in den Säcken?

Kapitel 15 Bölüm

Übung 8

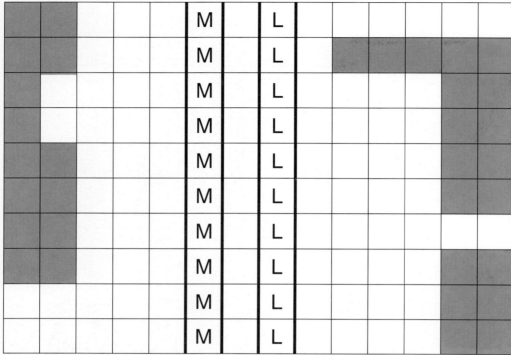

1. ihr müßt geben
2. er muß gehen
3. ich muß vorbeischauen
4. wir müssen aufstehen
5. sie müssen machen
6. ich muß bleiben
7. ihr müßt fragen
8. wir müssen hinausgehen
9. sie müssen lernen
10. ich muß warten

1. ihr dürft nicht machen
2. du darfst nicht spielen
3. er darf nicht bleiben
4. wir dürfen nicht fragen
5. ihr dürft euch nicht ärgern
6. wir dürfen nicht trinken
7. ihr dürft nicht essen
8. du darfst nicht kaufen
9. sie dürfen nicht kommen
10. ihr dürft nicht gehen

172

| Kapitel | 15 | Bölüm |

Übung 9
Schreiben Sie zu den Bildern eine Geschichte!

Übung 10

1. Sagen Sie, daß Sie daran denken, morgen bei Ali vorbeizuschauen!

2. Fragen Sie Ihren Bekannten, ob er morgen arbeiten muß!

3. Sagen Sie, daß Sie morgen früh aufstehen müssen (2 Möglichkeiten)!

4. Sagen Sie, daß Sie daran denken, noch eine Woche in der Türkei zu bleiben!

5. Sagen Sie Ihrem Bekannten, daß er das Rauchen aufgeben muß!

6. Sagen Sie, daß Sie Ihren Mann/Ihre Frau fragen müssen!

7. Sagen Sie Ihrem Bekannten, daß Sie noch Briefe schreiben müssen!

8. Sagen Sie Ihrem Bekannten, daß Sie keine Butter essen dürfen!

9. Sagen Sie Ihrem Bekannten, daß er nicht so viel rauchen soll!

10. Fragen Sie Ihren Bekannten, ob er morgen früh aufstehen muß!

Übung 11
Hören Sie den Dialog zweimal und beantworten Sie die Fragen!

1. Ülkü ne yapmayı düşünüyor?
2. Ayşe cumartesi günü ne yapmalı?
3. Ayşe neden mektup yazmalı?
4. Ayşe neden arkadaşlara uğramalı?
5. Akşamleyin sinemaya gidiyor mu?
6. Pazar günü Ayşe ne yapmalı?

Kapitel 15 Bölüm

Übung 12
Stellen Sie zu den hervorgehobenen Wörtern Fragen!

1. Yarın akşam *kursa* gitmeliyim.
2. Öğleden sonra *evimi* temizlemeliyim.
3. *Lokantaya* gitmeyi düşünüyorum.
4. *Çok kelime ezberlemek* zorundayım.
5. *Yeni bir araba almayı* düşünüyoruz.
6. *Erken* kalkmalıyım.
7. Doktora gitmeliyim *çünkü hastayım*.
8. Yarın *arkadaşlara* uğramalıyız.
9. Yarın *İzmir'e* gitmeliyim.
10. *Yarın* alışveriş yapmalıyız.

Übung 13
Um welches Thema geht es in den Zeitungsartikeln?

Benutzen Sie Ihr Wörterbuch!

Türk hükümeti de Irak lideriyle çözümü mümkün görmüyor
Ankara: 'Teslim olmalı'

- Saddam'ın Kuveyt'ten çekilme kararının yeterli olmadığını savunan hükümet çevrelerine göre, Saddam silahlarını bırakıp teslim olmadıkça, müttefikler savaştan vazgeçmeyecek. Ankara, Saddam'ın tüm BM kararlarına uymasını şart görüyor

- Ankara'da ağırlık kazanan değerlendirme şöyle: «Saddam, artık müttefiklerin ezici gücü karşısında dırenemeyeceğini anlamış bulunuyor. Ancak yine de son bir manevra yapıp mevcut kuvvetlerini kurtarmaya çalışıyor.»

Übung 14

– Burada hangi görülecek yerler var?
– Güzel bir müze var.
– Müzeyi görmek istiyoruz. Ne zaman açık?
– Saat beşe kadar.
– Almanca gezdirme var mı?
– Var tabii.

– Burası ne binası?
– Arkeoloji Müzesi.
– Bu Ulu Camisi mi?
– Evet.
– Taş Köprüsü'nden geçecek miyiz?
– Hayır.
– Karataş'ta ne kadar boş zamanımız var?
– İki saat.
– Ne zaman geri dönüyoruz?
– Saat on altıda.

Übung 15
Schreiben Sie mit Hilfe des Vokabelteils einen ähnlichen Dialog!

Kapitel 15 Bölüm

Vokabeln

süpürmek	saugen
canı sıkılmak	sich langweilen
karnı aç	er hat Hunger
susadım	ich habe Durst

Lesetext

Şehir Turu, Gezinti

Burada hangi görülecek yerler var?
Biz
  sergiyi
  müzeyi
  sarayı
  kiliseyi
  camiyi
görmek istiyoruz.
Müze ne zaman açık?
Dolaştırma/Gezdirme ne zaman başlıyor?
Almanca gezdirme de var mı?
Burada resim çekilir mi?
Burası ne
  binası?
  meydanı?
  kilisesi?
  camii?

Bu bina ne zaman yapıldı?
Bu . . . mi?
. . .'den/dan geçecek miyiz?
. . .yi/yı de/da gezecek miyiz?
. . .de/da ne kadar boş zamanımız var?
Ne zaman geri dönüyoruz?
Ne zaman dönmüş olacağız?

Stadtrundfahrt, Ausflüge

Welche Sehenswürdigkeiten gibt es hier?
Wir möchten
  die Ausstellung
  das Museum
  das Serail
  die Kirche
  die Moschee
besichtigen.
Wann ist das Museum geöffnet?
Wann beginnt die Führung?
Gibt es auch eine Führung in Deutsch?
Darf man hier fotografieren?
Was für
  ein Gebäude
  ein Platz
  eine Kirche
  eine Moschee
ist das?
Wann wurde dieses Gebäude erbaut?
Ist das . . .?
Kommen wir am/an . . . vorbei?
Besichtigen wir auch . . .?
Wieviel freie Zeit haben wir in . . .?
Wann fahren wir zurück?
Wann werden wir zurück sein?

Kapitel 16

1) Die Bedingungsform *ise*

Um eine Bedingung auszudrücken, wird «*ise*» an das Bezugswort angefügt, wobei das *i* ausfällt. Der Endvokal richtet sich nach der kleinen Vokalharmonie:

parası yoksa . . .	wenn er kein Geld hat . . .
güzelse . . .	wenn es schön ist . . .
açıksa . . .	wenn es offen ist . . .

Das Bezugswort kann auch ein Verb sein. In diesem Fall werden an die Form der 3. Person Singular *se* bzw. *sa* und die personenanzeigenden Endungen angehängt:

kalır/sa/m	wenn ich bleibe
kalır/sa/n	wenn du bleibst
kalır/sa	wenn er bleibt
kalır/sa/k	wenn wir bleiben
kalır/sa/nız	wenn ihr bleibt
kalır/lar/sa	wenn sie bleiben
gelir/se/m	wenn ich komme
gelir/se/n	wenn du kommst
gelir/se	wenn er kommt
gelir/se/k	wenn wir kommen
gelir/se/niz	wenn ihr kommt
gelir/ler/se	wenn sie kommen

Beachten Sie, daß bei der 3. Person Plural erst die personenanzeigende Endung und dann *sa* bzw. *se* angehängt werden.

Die Konjunktion „wenn" hat ihre türkische Entsprechung in «*eğer*». Sie wird aber in der Regel weggelassen, da die Bedingung schon durch die Endung *sa* bzw. *se* ausgedrückt wird:

(Eğer)yarın gelirsen sevinirim.	Wenn du morgen kommst, freue ich mich.
(Eğer)zamanınız varsa yarın sinemaya gideriz.	Wenn ihr Zeit habt, gehen wir morgen ins Kino.

Bei der *Verneinung* werden an die verneinte Form der 3. Person Singular *sa* bzw. *se* und die personenanzeigenden Endungen angefügt:

kalmaz/sa/m	wenn ich nicht bleibe
kalmaz/sa/n	wenn du nicht bleibst
kalmaz/sa	wenn er nicht bleibt
kalmaz/sa/k	wenn wir nicht bleiben
kalmaz/sa/nız	wenn ihr nicht bleibt
kalmaz/lar/sa	wenn sie nicht bleiben
gelmez/se/m	wenn ich nicht komme
gelmez/se/n	wenn du nicht kommst
gelmez/se	wenn er nicht kommt
gelmez/se/k	wenn wir nicht kommen
gelmez/se/niz	wenn ihr nicht kommt
gelmez/ler/se	wenn sie nicht kommen

2) Die Bildung des Futurs

Zur Bildung des *Futurs* werden an den Verbstamm die Endung *ecek* bzw. *acak* (kleine Vokalharmonie) und die personenanzeigenden Endungen angehängt. Vor Personalendungen, die mit einem Vokal beginnen, wird das *k* weich:

öğren/eceğ/im	ich werde lernen
öğren/ecek/sin	du wirst lernen
öğren/ecek	er wird lernen
öğren/eceğ/iz	wir werden lernen
öğren/ecek/siniz	ihr werdet lernen
öğren/ecek/ler	sie werden lernen
sat/acağ/ım	ich werde verkaufen
sat/acak/sın	du wirst verkaufen
sat/acak	er wird verkaufen
sat/acağ/ız	wir werden verkaufen
sat/acak/sınız	ihr werdet verkaufen
sat/acak/lar	sie werden verkaufen

Bei Verbstämmen, die mit einem Vokal enden, wird ein *y* eingeschoben:

iste/y/eceğ/im	ich werde wollen
oku/y/acağ/ız	wir werden lesen
bekle/y/eceğ/im	ich werde warten

Bei den Verben *gitmek* und *etmek* wird das *t* weich:

gid/eceğ/im	ich werde gehen
ed/ecek/sin	du wirst machen

In der *Frageform* wird die Fragepartikel *mı/mi/mu/mü* zwischen Futur- und Personalendung geschoben. In der 3. Person Plural wird sie nach der Personalendung gesetzt:

öğrenecek miyim?	werde ich lernen?
öğrenecek misin?	wirst du lernen?
öğrenecek mi?	wird er lernen?
öğrenecek miyiz?	werden wir lernen?
öğrenecek misiniz?	werdet ihr lernen?
öğrenecekler mi?	werden sie lernen?

Bei der *Verneinung* werden zwischen Verbstamm und Futurendung die Verneinungspartikel *me/ma* und ein *y* gesetzt:

öğren/me/y/eceğ/im	ich werde nicht lernen
öğren/me/y/ecek/sin	du wirst nicht lernen
öğren/me/y/ecek	er wird nicht lernen
öğren/me/y/eceğ/iz	wir werden nicht lernen
öğren/me/y/ecek/siniz	ihr werdet nicht lernen
öğren/me/y/ecek/ler	sie werden nicht lernen

Kapitel 16 Bölüm

Übung 1
Setzen Sie die Endungen ein!

1. Müze açık_____ onu gezerim.
2. Cami güzel_____ onu görmek isityorum.
3. Zamanınız var_____ sinemaya gidelim.
4. Paranız yok_____ bankaya gidin.
5. Portakal sulu_____ alırım.
6. Erol çalışkan_____ liseye gider.
7. Yorgun_____ eve gitmek istiyor.
8. Ayşe evde_____ onunla konuşmak istiyorum.
9. Yanlış_____ düzelt.
10. Ankara uzak_____ oraya gitmeyelim!

Übung 2
Setzen Sie die Verben in den Klammern in die richtige Form!

1. Sinemaya gitmek _____ (sen/istememek) evde kalalım.
2. Anahtarımı _____ (siz/bulmak) bana haber verin!
3. Bu akşam _____ (biz/gelmek) sinemaya gidelim mi?
4. Param _____ (olmak) seninle gelirim.
5. _____ (biz/gelmemek) üzülecek misin?
6. Biraz daha _____ (sen/kalmak) beraber bir film seyredelim.
7. İşin uzun _____ (sürmek) bana haber ver!
8. Kocan eve _____ (dönmek) bana haber ver!
9. Erken _____ (ben/kalkmak) bütün işlerimi yaparım.
10. Ankara'ya _____ (biz/gitmek) bir hafta kalalım.

Kapitel 16 Bölüm

Übung 3
Mehmet Sarial her şeyi yarın yapacak.

1. Yarın şefimle _____ (konuşmak).
2. Yarın alışveriş _____ (yapmak).
3. Yarın arkadaşlara _____ (telefon etmek).
4. Yarın anneme _____ (uğramak).
5. Yarın mektup _____ (yazmak).
6. Yarın erken _____ (kalkmak).
7. Yarın çarşıya _____ (çıkmak).
8. Yarın kursa _____ (gitmek).
9. Yarın kelime _____ (ezberlemek).
10. Yarın evi _____ (temizlemek).

Karısı ona soruyor:

Şefinle ne zaman konuşacaksın? . . .

Mehmet cevap veriyor:

Bugün şefimle konuşmayacağım . . .

Übung 4
Zafer ist ein ungezogenes Kind!

Ellerimi yıkamayacağım. (el yıkamak)

1. _____ (ev ödev yapmak)
2. _____ (alıştırma yazmak)
3. _____ (yemeği yemek)
4. _____ (çayı içmek)
5. _____ (dedeyi ziyaret etmek)
6. _____ (anneye yardım etmek)
7. _____ (doktora gitmek)
8. _____ (ders çalışmak)
9. _____ (evde kalmak)
10. _____ (erken yatmak)

Kapitel 16 Bölüm

Übung 5

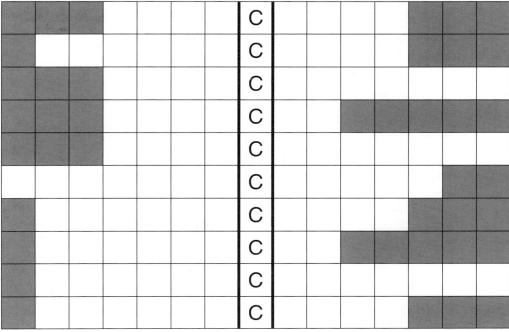

1. ich werde finden
2. wir werden beenden
3. ihr werdet sehen
4. er wird lachen
5. ihr werdet fragen
6. du wirst sagen
7. ihr werdet spielen
8. er wird bringen
9. ihr werdet weinen
10. ich werde wollen

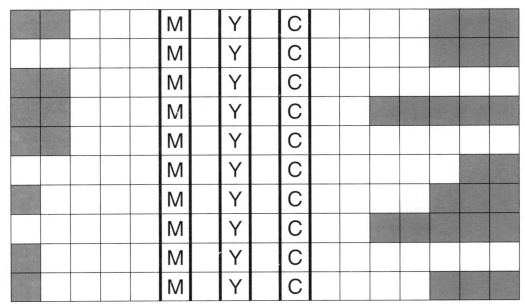

1. ich werde nicht finden
2. wir werden nicht beenden
3. ihr werdet nicht sehen
4. er wird nicht lachen
5. ihr werdet nicht fragen
6. du wirst nicht sagen
7. wir werden nicht spielen
8. er wird nicht bringen
9. ihr werdet nicht weinen
10. ich werde nicht wollen

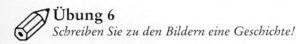

Übung 6
Schreiben Sie zu den Bildern eine Geschichte!

| Kapitel | 16 | Bölüm |

Übung 7

1. Sagen Sie Ihrem Bekannten, daß Sie, wenn es nicht regnet, ein Picknick *(piknik)* machen wollen!

2. Sagen Sie Ihrem Bekannten, daß Sie, wenn es keine Milch gibt, keinen Kaffee wollen!

3. Fragen Sie Ihren Bekannten, wohin er nächste Woche fährt!

4. Sagen Sie, daß Sie Ihre Freunde anrufen werden!

5. Sagen Sie, daß Sie, wenn Sie müde sind, früh schlafen gehen!

6. Fragen Sie Ihren Bekannten, ob er Ahmet sehen wird!

7. Fragen Sie Ihren Bekannten, was er zu machen gedenkt!

8. Sagen Sie, daß Sie daran denken spazierenzugehen!

9. Fragen Sie Ihren Bekannten, was es Neues gibt.

10. Sagen Sie, daß Sie, wenn Ihnen Istanbul gefällt, eine Woche länger bleiben wollen!

11. Sagen Sie Ihrem Bekannten, daß Sie morgen bei ihm vorbeischauen werden!

12. Sagen Sie, daß Sie morgen nicht kommen werden!

Übung 8

Sayın dinleyiciler:

Şimdi Karadeniz Bölgesi için yarınki hava raporunu veriyoruz. Yarın sabah hava güneşli ve 18 derece olacak, fakat öğleden sonra batıdan rüzgâr esmeye başlayacak. Akşam hava bulutlu olacak ve ısı düşecek. Gece Karadeniz Bölgesi'nde genellikle yağışlı geçecek. Şile'de de yağmur yağacak, Zonguldak'ta gece kuru, fakat rüzgârlı geçecek.

Übung 9

Beschreiben Sie mit Hilfe des Vokabelteils das heutige Wetter!

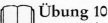

Übung 10
Lesen Sie den Text und beantworten Sie die Fragen!

Hotozlu Civcivler

Nasrettin Hoca'nın bir öğrencisi çok küfürcü idi. Hoca uzun uzun düşünür. Öğrencisinin bu kötü alışkanlığına bir çare bulur.

Öğrenci sürekli ağzında bir bakla ile dolaşır. Bakla sayesinde o durumu hatırlar ve böylece küfürden vazgeçermiş.

Yağmurlu bir havada Hoca ve öğrencisi evlerine giderler. Bir kadın pencereyi açar ve der:
– Hoca Efendi, biraz bekler misiniz!

Yağmurda birkaç dakika beklerler. Islanırlar. Kadın gelir ve der:
– Gidebilirsiniz.

Nasrettin Hoca:
– Bizi yağmurda niye beklettiniz?
– Hoca Efendi, benim bir kuluçkam var. Hotozlu civcivleri çok severim. Komşu Hanım, «önce yumurtalara sonra Hoca'nın kavuğuna bak. Civcivlerin hotozlu olur», dedi. Ben de öyle yaptım.

Nasrettin Hoca öğrencisine döner ve der:
– Oğlum çıkar baklayı ağzından, kadın küfrü hak etti.

1. Küfür söylememek için öğrenci ne yapıyor?
2. Nasrettin Hoca ve öğrencisi yağmurda neden beklerler?
3. Civcivler nasıl hotozlu olur?
4. Nasrettin Hoca öğrencisine neden «baklayı çıkar» der?

Übung 11
Schreiben Sie einen Brief an Ihren türkischen Bekannten!

Beschreiben Sie das Wetter! Fragen Sie nach dem Wetter in der Türkei! Sagen Sie, daß Sie seit 2 Wochen zweimal in der Woche einen Türkischkurs besuchen! Sagen Sie, daß Ihnen Türkisch schwerer vorgekommen ist, daß Sie viel arbeiten und Wörter lernen müssen! Sagen Sie, daß die türkische Sprache Ihnen trotzdem gefällt! Sagen Sie, daß Sie vor 2 Tagen bei Ahmet und Emine Gürcan vorbeigegangen sind! Sagen Sie, daß es Ihnen und den Kindern gutgeht! Sagen Sie, daß Sie gestern mit den Gürcans ins Kino gegangen sind und den türkischen Film „Der Weg" gesehen haben, der Ihnen sehr gefallen hat! Sagen Sie, daß Sie nächste Woche nach Berlin fahren, um die Familie Sarıkaya zu besuchen! Fragen Sie, wann Ihr Bekannter wieder nach Deutschland zurückkommt! Sagen Sie, daß Sie daran denken, nächstes Jahr in die Türkei zu fahren! Sagen Sie, daß Sie vielleicht gemeinsam fahren werden! Sagen Sie, daß Sie Ihren Bekannten sehr vermißt haben, und bitten Sie ihn zu schreiben!

Kapitel 16 **Bölüm**

Übung 12
Stellen Sie die passenden Fragen!

1. Süt varsa memnuniyetle.
2. Evet, yarın Bursa'ya gideceğim.
3. Hayır, Antalya'ya gitmeyeceğiz.
4. Zamanın varsa yarın gelirim.
5. Yarın yüzmeyi düşünüyorum.
6. Mehmet ile sinemaya gidecekler.
7. Evet, yarın Ayşe'ye uğrayacağım.
8. Bilet bulursam seninle tiyatroya gideceğim.
9. Yağmur yağmazsa gelirim.
10. Ali doktor olmak istiyor.

Übung 13
Hören Sie den Dialog zweimal und beantworten Sie die Fragen!

1. Haberleri kaçırdı mı?
2. Gündüz kaç derece olacak?
3. Akşam hava nasıl olacak?
4. Gece hava nasıl olcak?
5. Yarın hava nasıl olacak?

Kapitel 16 Bölüm

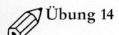
Übung 14

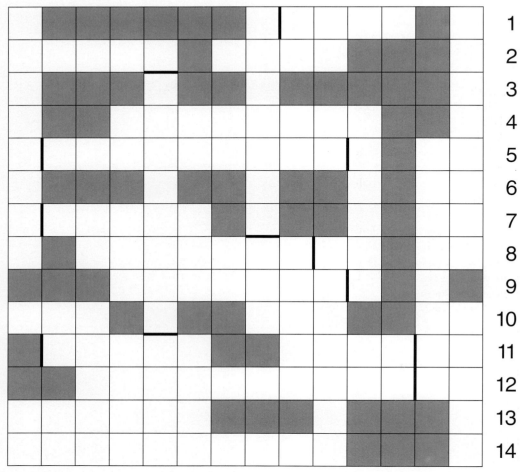

(Die erste Zahl steht für waagerecht, die zweite für senkrecht.)

9,1	wenn	1,10	Schnee	1,1	Ingenieur
1,2	Sorgen machen	8,10	reichlich	5,3	Glück
7,2	Baum	2,11	traurig	8,1	vorbeikommen
4,4	feiern, gratulieren	9,11	türkische Vorspeisen	10,8	wünschen
2,5	begegnen, treffen	3,12	empfangen, abholen	11,4	ärgerlich werden
2,7	reif	1,13	Gesundheit	13,5	Absender
3,8	vermissen	1,14	auswendig lernen	14,1	verpassen
4,9	Inland			14,10	Wochenmarkt

Kapitel 16 Bölüm

Vokabeln

Lesetexte

Hava	Wetter
Hava bugün nasıl olacak?	Wie wird das Wetter heute?
	Wir bekommen
Güzel	schönes Wetter.
Kötü	schlechtes Wetter.
Değişken	unbeständiges Wetter.
olacak.	
Hava güzel kalacak.	Es bleibt schön.
Hava daha ısınacak/soğuyacak.	Es wird wärmer/kälter.
Yağmur/kar yağacak.	Es wird regnen/schneien.
Hava soğuk/pek sıcak/bunaltıcı.	Es ist kalt/heiß/schwül.
Fırtına/Bora çıkacak.	Wir bekommen ein Gewitter/Sturm.
Hava sisli/rüzgârlı.	Es ist neblig/windig.
Hava tekrar açacak/güzelleşecek.	Das Wetter wird wieder schön.
Güneş var./Güneş açıyor.	Die Sonne scheint.
Gökyüzü bulutsuz/kapalı.	Der Himmel ist wolkenlos/bedeckt.
Toroslarda yolların durumu nasıl?	Wie ist der Straßenzustand im Taurus?
Yollar buz tutmuş.	Die Straßen sind vereist.
Kar zincileri gerekli (tekerlekler için).	Schneeketten sind erforderlich.

bulutlu	bewölkt	hotozlu civciv	ein männliches Küken
buz	Eis	küfür	Fluch, Schimpfwort
don	Frost	alışkanlık	Angewohnheit
fırtına	Sturm, Gewitter	çare	Ausweg
sis	Nebel	ağız	Mund
yağış	Niederschlag	bakla	Saubohne
kar	Schnee	dolaşmak	umhergehen
güneş	Sonne	hatırlamak	erinnern
yol durumu	Straßenzustand	vazgeçirmek	aufgeben lassen
ısı	Temperatur	ıslanmak	naß werden
hava raporu	Wetterbericht	bekletmek	warten lassen
hava tahmini	Wettervorhersage	kuluçka	Henne
rüzgâr	Wind	çıkarmak	entfernen
bulut	Wolke	hak etmek	das Recht geben

Hörverständnisübungen

1. Kapitel

Ali: Adınız ne?
Hasan: Hasan Ustabaş.
Ali: Memnun oldum. Ben Ali Güneş. Ah, Erol, merhaba, nasılsın?
Erol: İyiyim. Sen nasılsın?
Ali: Ben de iyiyim. Bak Erol, şu kadın nasıl?
Erol: Çok güzel.

2. Kapitel

Ali: Merhaba, Mehmet. Nasılsın?
Mehmet: Merhaba, Ali. İyiyim. Sen nasılsın?
Ali: Ben de iyiyim. Hanımın, çocukların nasıl?
Mehmet: İyidirler.
Ali: Seni arkadaşımla tanıştırayım. Orhan.
Mehmet: Memnun oldum.
Orhan: Ben de memnun oldum.
Mehmet: Yeni telefon numaranı verir misin?
Ali: Vereyim: 13 27 45.
Mehmet: İşim var. Gideceğim. İyi günler.
Ali: Sana da.
Orhan: İyi günler.

Frau: Karpuz kaça?
Verkäufer: 197,– lira.

Frau: Şeftali kaça?
Verkäufer: 686,– lira.

Frau: Balık kaça?
Verkäufer: 2135,– lira.

Frau: Portakal kaça?
Verkäufer: 732,– lira.

Frau: Domates kaça?
Verkäufer: 264,– lira.

3. Kapitel

(In einem Lebensmittelgeschäft)

– Günaydın.
– Günaydın.
– Buyrun.

Kapitel   **16**   **Bölüm**

- Bugün ne yemeği yapacağımı bilmiyorum.
- Taze fasulyelere ne dersiniz?
- Kocam taze fasulye yemez.
- Domatesler bir bakın! Marul da bugün çok iyi.
- İyi, o zaman köfte ile salata yapayım. Bana bir kilo domates, bir marul ve bir kilo kıyma verin.
- Başka bir şey ister misiniz?
- Evet, 6 yumurta, bir paket çay.
- Meyvelere ne dersiniz, bugün geldi.
- Sağ olun, evde yeterince var. Hepsi bu kadar.
- Hepsi 20 450 TL eder.
- Teşekkürler. İyi işler size.
- Güle güle.

4. Kapitel

Turist: Affedersiniz, bana otobüs istasyonunun nerede olduğunu söyler misiniz?
Erkek Türk: Burdan sağa gittikten sonra ilerdedir.

Turist: Burda gişe nerde?
Kadın Türk: Gelin, göstereyim onu size. Orda yandadır.
Turist: Sağ olun.

Turist: Bugün Konya'ya gitmek istiyorum. Konya'ya otobüs var mı?
Gişe Memuru: Ne yazık ki yok. Yarın sabah 10.30'da var.
Turist: Öyleyse bana bir bilet verin. Bana, bu yakında ucuz bir otel olup olmadığını söyler misiniz?
Gişe memuru: Evet, Erdoğdu Sokağı'nda. Otobüs istasyonundan çıktıktan sonra sağa dönün. Özlem Oteli sağ taraftadır.
Turist: Çok sağ olun.

5. Kapitel

Anne: Neden yatmıyorsun? Yorgunsun.
Çocuk: Hayır, yorgun değilim. Biraz televizyona bakmak istiyorum. Film çok ilginç.
Anne: Onu yirmi geçiyor. Sabah yedide kalkacaksın. Derse yorgun nasıl dikkat edeceksin?
Çocuk: Film yalnız 15 dakika sürüyor. Ondan sonra yatarım. Bir de yarın 4 dersim var. Bir öğretmen hasta.

Anne: İyi, tamam.

Adam: Adınız ne?
Kadın: Adım Ayşe Usluoğlu.
Adam: Kaç yaşındasınız?
Kadın: 24 yaşındayım.
Adam: Nerede çalışıyorsunuz?
Kadın: Daha çalışmıyorum. İstanbul Üniversitesi'nde Almanca ve İngilizce okuyorum.
Adam: İstanbul'da mı oturuyorsunuz?
Kadın: Evet, kardeşimle birlikte oturuyorum.

Adam: Evli misiniz?
Kadın: Hayır, ilk önce okulumu bitirmek istiyorum.

Kapitel 6

Ümmü: Oo, hoş geldiniz efendim.
Inge: Hoş bulduk, Ümmü Hanim, Mehmet Bey. Tanıştırayım: arkadaşım Sonja.
Sonja: Memnun oldum.
Mehmet: Biz de memnun olduk. Türkçe biliyor musunuz?
Sonja: Evet, biraz Türkçe biliyorum.
Mehmet: Buyurun. Oturun. Ne içersiniz?
Inge: Türk kahvesi içerim.
Sonja: Ben çayı tercih ederim.
Mehmet: Ben de çay içerim.
Ümmü: Inge, sen kahveyi nasıl istersin? Şekerli mi, orta şekerli mi?
Inge: Şekersiz, lütfen.
Mehmet: Sigara buyurun, Inge Hanım, Sonja Hanım.
Inge: Ben sigara kullanmam ama, Sonja sigara içer.
Sonja: Sağ olun.
Inge: Lütfen bize Türk kaseti çalar mısınız? Türk müziğini çok severim.
Mehmet: Memnuniyetle. Ne müziği tercih edersiniz? Arabesk mi, halk müziği mi?
Inge: Arabesk.
Ümmü: Buyurun. Şeker burada.
Inge, Sonja: Sağ olun.
Inge: Sinemada güzel bir film var, gelir misiniz?
Mehmet: Sinemayı sevmem, televizyona tercih ederim ama, Ümmü çok sever. Sinemaya gitmek ister misin?
Ümmü: İsterim. Kaçta başlıyor?
Inge: Sekiz buçukta.
Inge: Mehmet, sen ne filmi seversin?
Mehmet: Polisiye filmleri severim.

Mehmet: Erol Bey, siz boş zamanınızda ne yaparsınız?
Erol: Hafta sonunda arkadaşları ziyaret ederim, bazen televizyon seyrederim veya sinemaya giderim.
Mehmet: Nasıl filmler seyredersiniz?
Erol: Polisiye filmleri severim.
Mehmet: Nasıl kitaplar okursunuz?
Erol: Roman okurum.
Mehmet: Ne müziği tercih edersiniz?
Erol: Modern müzik severim.

Mehmet: Ayşe Hanim, siz boş zamanınızda ne yaparsınız?
Ayşe: Örgü örerim, dikiş dikerim, bazen gazete okurum veya müzik dinlerim.
Mehmet: Ne müziği tercih edersiniz?
Ayşe: Arabesk severim.
Mehmet: Nasıl kitaplar okursunuz?
Ayşe: Kitap okumam.

Kapitel 16 Bölüm

Mehmet: Nasıl filmler seyredersiniz?
Ayşe: Aşk filmleri.

Kapitel 7

Mehmet ve Peter bir kahvede oturuyor.

Garson: Buyurun, efendim?
Mehmet: Ne içelim, Peter?
Peter: Ben bir çay içeyim.
Mehmet: Bana bir kahve getirin, lütfen.
Garson: Kahveyi nasıl içersiniz? Sütlü mü, şekerli mi?
Mehmet: Şekersiz, sütlü içerim.
Garson: Çayı nasıl içersiniz?
Peter: Şekerli ve sütlü, lütfen.
Garson: Peki, efendim. Başka bir şey ister misiniz?
Peter: Ben bir de pasta alayım.
Mehmet: Ben pasta yemeyeyim.

Meral: Haydi, Sonya, alışverişe gidelim. Yeni bir etek almak istiyorum.
Sonja: Oldu, Meral, gidelim.

(Im Geschäft)
Satıcı: Buyurun, efendim?
Meral: Bir etek almak istiyorum.
Satıcı: Nasıl bir etek arıyorsunuz?
Meral: Son model olsun.
Satıcı: Kaç beden olsun?
Meral: 38 beden.
Sonja: Bu çok şık. Yeşili çok beğeniyorum. Ben bunu bir deneyeyim.
Meral: Ben sana borç vereyim. Ben bu sarı eteği bir deneyeyim.

Meral: Etekleri alalım mı?
Sonja: Alalım.

Kapitel 8

– Neyiniz var?
– Kuvvetli ishal.
– İshal yapan bir şey mi yediniz?
– Bilmiyorum, yolculukta olduğumuz için, yollarda, lokantalarda ne bulursak yiyoruz.
– Ateşiniz var mı?
– Biraz var galiba, başım da ağrıyor.
– Şu termometreyi koltuğunuzun altına koyun.
– Peki.
– Ağzınızı açın.
– Aaa . . .
– Termometreyi verir misiniz?

- Buyrun.
- Evet 38,3 derece. Ateşiniz biraz yüksek.
- Ne yapmam gerek?
- En az üç gün dinlenmeniz lazım. Yoğurt, peksimet, elma rendesi, şekersiz çay, limonlu çorba dışında bir şey yemeyeceksiniz, iyileşinceye kadar. Ayrıca size ishal hapı yazıyorum. Yemeklerden sonra alacaksınız, kuvvetli bir haptır.
- Teşekkür ederim, doktor bey.
- Üç gün sonra yine gelin.
- Peki.

9. Kapitel

Ayşe: Bana yeni giyecekler lazım.
Birgül: Bana da. Yeni bir kazak istiyorum.

Satıcı: Buyurun, efendim.
Ayşe: Bir elbise veya bir etek almak istiyorum.
Satıcı: Nasıl bir elbise arıyorsunuz?
Ayşe: Klasik olsun, tam modaya uygun değil.
Satıcı: Kaç beden olsun?
Ayşe: 38 beden.
Satıcı: Bu yeşili nasıl buluyorsunuz?
Ayşe: Pek o kadar güzel değil. Başka yok mu?
Satıcı: Var tabii. Bakın, burada da elbiseler var.
Birgül: Bu sarıya bak. Çok hoşuma gidiyor.
Ayşe: En çok mavi elbiseyi beğeniyorum. Çok güzel. Bunu bir prova edeyim.
Satıcı: Elbette, kabineye girin.

Ayşe: Maviyi alayım. Çok beğeniyorum. Şimdi kazak alalım.
Ayşe: Kazaklara da bakmak istiyoruz. Nerede?
Satıcı: Şurada.
Ayşe: Teşekkür ederim. Nasıl kazak istiyorsun? Tek renkli mi, çizgili mi?
Birgül: Fark etmez.
Ayşe: Bu kırmızı kazağı nasıl buluyorsun?
Birgül: Zaten bana dar geliyor.
Ayşe: Şu gri çizgili nasıl?
Birgül: Fena değil. Bir deneyeyim.

Ayşe: Sana çok yakışıyor.
Birgül: Tamam, bunu alayım. Bu kazak ne kadar?
Satıcı: 28 000 lira.
Birgül: Oldu, alayım.

10. Kapitel

Sevda: Merhaba, Meral.
Meral: Merhaba, Sevda. İyi misin?

Sevda: Hayır, iyi değilim. Çok yorgunum. Dün gece hiç uyumadım.
Meral: Neden?
Sevda: Bilmiyorum ki. Dün akşam neredeydin? Saat sekizde telefon ettim sana ama, evde değildin.
Meral: Biz dün akşam sinemaya gittik ama, film hiç güzel değildi. Sen dün akşam ne yaptın?
Sevda: Televizyon seyrettim. Saat on birde yattım.
Meral: Hafta sonunda ne yaptın?
Sevda: Cumartesi günü arkadaşlarımla lokantaya gittim, pazar günü evde kaldım, kitap okudum, televizyon seyrettim. Öğleden sonra Ayşe bana uğradı.

11. Kapitel

Mehmet: Affedersiniz, buradan Topkapı'ya nasıl giderim?
Adam: Bu yolu dosdoğru gidip ikinci caddeden sola gidin ve caddeyi takip edin. Topkapı sağ tarafta.

Ayşe: Affedersiniz, en yakın eczane nerede?
Adam: Köprüden geçin, annacaddeyi takip edip üçüncü caddeyi sağa gidin ve birinci caddeyi sola dönün. Eczane sol tarafta.

Mehmet: Affedersiniz, buradan Sultanahmet Camisi'ne nasıl giderim?
Adam: Meydana kadar gidip sağa dönün. İkinci caddeyi sola dönüp trafik lambasına kadar takip edin. Sola dönün. Sultanahmet Camisi sol tarafta.

12. Kapitel

Peter: Burada nerede iyi bir lokanta var?
Adam: Bu caddeyi takip edip sağa dönün. Sol tarafta iyi bir lokanta var.

Peter: Bu masa boş mu?
Garson: Evet, boş.
Peter: Yemek, içecek listesini getirir misiniz?
Garson: Buyurun.
Peter: Yemeklerden bana ne tavsiye edersiniz?
Garson: Karışık ızgara çok güzel.
Peter: Şiş kebap alırım.
Garson: Ordövr olarak ne alıyorsunuz?
Peter: Ordövr olarak zeytinyağlı yapraksarması istiyorum.
Garson: Ne içmek istersiniz?
Peter: Lütfen, bir ayran getirin.

Garson: Yemeği beğendiniz mi?
Peter: Çok lezzetliydi. Tatlı olarak biraz karpuz getirir misiniz?
Garson: Baş üstüne.
Peter: Hesabı lütfen.
Garson: Buyurun.
Peter: Bu size. Yemek mükemmeldi.

13. Kapitel

Peter ve Renate Müller Den Haag'a gitti. Orada bir Türk çiftine rastlıyorlar.

Peter: Adınızı duyduk. Siz Türk müsünüz?
Ali: Evet, Türküz.
Renate: Nerelisiniz?
Meral: İzmir'liyiz.
Peter: İki yıl önce Türkiye'ye gittik. O zaman İzmir'e de uğradık. Çok beğendim.
Ali: Bir şey içmeye gidelim mi?
Peter: Tamam. Burada yakında iyi bir lokanta var. Bir şey de yiyelim.
Meral: Oldu.
Garson: Buyurun, efendim?
Ali: İki tane sebze çorbası, bir tane beyaz peynir, bir de pastırma. Yemek olarak şiş kebap getirin. Tatlı olarak karpuz alırız.
Garson: Ne içersiniz?
Peter: Biz ayran içeriz.
Ali: Bir de ayran.
Meral: Bana da ayran getirin.
Peter: Nerede oturuyorsunuz?
Ali: Biz Stuttgart'ta oturuyoruz. Siz nerede oturuyorsunuz?
Peter: Dortmund'da oturuyoruz. Öğretmen olarak çalışıyorum. Eşim bir çocuk bahçesinde çalışıyor. Siz ne yapıyorsunuz?
Ali: Türkdanış'ta çalışıyorum, Meral evde kalıyor. İki çocuğumuz var. Sizin çocuklarınız var mı?
Renate: Var. Bir de oğlumuz var. Altı yaşında. Çalışırken annemde kalıyor.
Meral: Bu sene Türkiye'ye gidiyor musunuz?
Peter: Bu sene İtalya'ya gidiyoruz, belki gelecek sene Türkiye'ye gideriz.
Ali: O zaman bize gelin. Bizim Balıkesir'de bir evimiz var. Tatili beraber yapalım.
Peter: İyi bir fikir.
Meral: Tatilde ne yapmayı seviyorsunuz?
Renate: Müzeleri geziyoruz, denize yüzmeye gidiyoruz.
Meral: Almanya'da boş zamanınızda ne yapıyorsunuz?
Peter: Bazen sinemaya ya da tiyatroya gidiyoruz, arkadaşlarla yemeğe gidiyoruz. Ben okumayı çok seviyorum.
Ali: Bir hafta sonu bize gelin. Beraber bir yere gidelim.
Renate: Geliriz.

14. Kapitel

– Bursa'da oturan eski bir arkadaşıma rastladım. Bizi evine, yemeğe davet etti.
– Ne kadar güzel. Evli mi arkadaşın?
– Evli, iki de çocukları var. Biri kız, biri oğlan.
– Giderken karısına çiçek götürelim.
– Bakalım, ya çiçek alırız, ya da başka bir şey. Türkiye'de çiçek götürme alışkanlığı fazla yaygın değil. Şehirleşme ve sanayileşme ile son zamanlarda ortaya çıkmaya başladı.
– Almanya'da küçük, ucuz bir fotoğraf makinesi almıştım. Onu çocuklara hediye edebiliriz.
– Çocuklar için olmaz. Ama arkadaşım fotoğraf makinesine çok sevinir. Çocuklar zaten daha çok küçük.